BÁRBA

AUMENTANDO A GRATIDÃO: RECEBENDO BÊNÇÃOS

Um caminho para a iluminação espiritual

Editoração eletrônica: Bárbara Lobo
Imagem da Capa/Capa: Canva/Bárbara Lobo

AUMENTANDO A GRATIDÃO: RECEBENDO BÊNÇÃOS
LOBO, Bárbara

1ª Edição
Junho de 2023

Dados Internacionais de Catalogação na Publicação (CIP)
(Câmara Brasileira do Livro, SP, Brasil)

```
Lobo, Bárbara
   Aumentando a gratidão : recebendo bênçãos /
Bárbara Lobo. -- 1. ed. -- Macaé, RJ :
Ed. da Autora, 2023.

   ISBN 978-65-00-72161-4

   1. Autoajuda 2. Autoconhecimento 3. Bênção
4. Gratidão (Psicologia) I. Título.

23-160437                              CDD-158.1
```

Índices para catálogo sistemático:

1. Gratidão : Desenvolvimento pessoal : Psicologia
        158.1

Aline Graziele Benitez - Bibliotecária - CRB-1/3129

*"Olhe para dentro, para as suas profundezas,
aprenda primeiro a se conhecer."*
Sigmund Freud

Dedico este livro as minhas famílias, espiritual e carnal,

pois sem esse amor nada seria possível.

ÍNDICE

AGRADECIMENTOS

A Deus, pela oportunidade de viver e pelos ensinamentos do Mestre Jesus a toda humanidade.

À Espiritualidade, aos meus Guias Espirituais e Mentores, por todo caminho mediúnico, pela proteção e, principalmente, pelos ensinamentos diários acerca do universo espiritual. Em especial, por me conduzirem ao exercício da gratidão diária.

A minha família, meus filhos, Luíza e Gabriel, meu esposo Alberto, minha mãe Izabel, meu neto Tyler, razão de tudo e para quem eu dedico meu amor e minha gratidão. A minha irmã Lenise e meus sobrinhos, Leonardo e Rafael, minha gratidão. Ao meu pai Lenir (*em memória*).

Aos meus mestres e orientadores da Doutrina Espírita, por segurarem minhas mãos nas horas que mais precisei e por me ensinarem sobre o Espiritismo, a prática da caridade, o amor pela doutrina.

À ciência, através dos meus estudos e pesquisas, por me instigar a buscar novos conhecimentos a cada nova curiosidade.

Aos meus amigos, professores, leitores, alunos, familiares e todos que têm contribuído, de alguma forma, com minha jornada acadêmica e literária, muito obrigada.

PREFÁCIO

Aumentando a Gratidão: Recebendo Bênçãos propõe uma reflexão sobre a gratidão como uma força que pode ajudar o indivíduo a alcançar a iluminação espiritual, algo tão necessário e urgente no mundo contemporâneo.

Como foco central deste livro, a gratidão traz possibilidades que abrem portas ao aprendizado e ao recebimento de bênçãos, bem como reflexões profundas, as quais levam a padrões ultrapassados e modelos de comportamento que devem ser questionados.

Questões acerca da humanidade, ao longo da história, precisam ser amplamente discutidas, na busca por uma sociedade livre, inclusiva e diversa. Isso não diz respeito sobre a forma como cada um individualmente acredita, mas como todos devem agir em um mundo transformado e transformador, na medida em que o preconceito, o ódio, a discriminação, a intolerância, entre outros, sejam suplantados pelo amor e pelo respeito.

Compreender o outro a partir do entendimento a respeito da individualidade e personalidade na relação humana, é também uma temática presente no livro. Ao contextualizar áreas do conhecimento que tratam esse assunto de maneira apropriada, tais como a filosofia, a espiritualidade, os direitos humanos e até mesmo a política enquanto lugar de direitos e deveres, é possível acessar a tão esperada compreensão.

A psicologia também encontra lugar de fala neste livro, sob a perspectiva da gratidão, através do olhar sobre o eu. Ao conhecer o eu, chega-se ao Id, Ego e Superego. A mudança esperada deve partir do eu individual através do autoconhecimento, sem exceção, a totalidade do indivíduo.

Para falar sobre gratidão, alguns contextos podem ajudar, bem como dificultar à busca pela prática desta jornada. No sentido positivo, o autoconhecimento como caminho a seguir, a conexão ou desenvolvimento espiritual como base e, ainda, a disciplina e a constância como metodologias práticas no encontro com a gratidão de cada dia.

No contexto acima, alguns exemplos são recortados do modelo americano de viver, com objetivo de demonstrar que é possível desenvolver a gratidão como princípio básico do comportamento ético, moral e educacional. Nesta perspectiva, a gratidão faz parte da cultura dessa sociedade, a partir dos padrões e comportamentos orientados para o respeito ao lugar do outro.

Nos dois últimos capítulos, o livro coloca a gratidão como alvo. O primeiro destes dá ênfase à relação entre gratidão e bênção. O último, e mais esperado, apresenta uma fórmula sobre o propósito da gratidão, trazendo uma metodologia simples que pode ser adaptada por qualquer um que busca o caminho da gratidão para ampliar a mentalidade sobre si, o outro e o universo.

Sinceramente, que este livro conduza o leitor a um lugar diferente, o lugar da gratidão. A proposta a partir desta leitura é contribuir com o desenvolvimento da Jornada de Gratidão Diária. Certamente, um novo eu surgirá de dentro de cada um após compreender a gratidão como propósito.

É impossível ser o mesmo depois da iluminação espiritual que a prática da gratidão, como lema de vida, propõe ao praticante dessa jornada de amor.

Inicie hoje sua jornada de gratidão diária!

Bárbara Lobo

INTRODUÇÃO

Aumentando a Gratidão: Recebendo Bênçãos, um livro para estar ao lado do leitor, na cabeceira da cama, ajudando-o a refletir e ampliar atitudes de gratidão no dia a dia.

Sem qualquer dúvida, o tema gratidão foi escolhido porque estamos atravessando um período em que agradecer faz muito mais sentido que reclamar. Levando em consideração não as questões de foro íntimo, mas aquelas de grande expressão para a humanidade, principalmente no período pós-pandemia, entre outros aspectos, é fundamental a luta por um mundo mais inclusivo, igualitário, livre de preconceito, discriminação, ódio e injustiça social.

Este livro é dividido em 11 capítulos, além da introdução. Cada capítulo traz uma reflexão sobre temas que, de uma maneira ou de outra, precisam ser considerados quando falamos sobre gratidão. Há muitas perguntas, algumas com respostas óbvias, outras que podem ser ampliadas a partir da compreensão de mundo de cada indivíduo quando o assunto é a gratidão. Isso implica em valores, crenças, ideologias, disciplina ou até mesmo ação individual na direção da gratidão como algo natural e necessário.

O capítulo primeiro, ***Identificando padrões: Quem sou eu na fila do pão?***, traz um duelo muito interessante sobre dois jargões populares, presentes no dia a dia: *"Quem sou eu na fila do pão?" versus "Você sabe com quem está falando?"*. O primeiro, defende valores observados em favor da ética e da moral. O segundo, denota determinadas circunstâncias que colocam o indivíduo acima, além, abaixo, ou seja, distante da realidade social.

São abordados entre outras questões, o preconceito e a cultura de servidão, propondo uma discussão que deve ser aprofundada na sociedade. Nota-se, neste contexto, que a exclusão social é uma realidade que precisa ser combatida, muito pela ação daqueles que defendem padrões idolatrados pela nobreza. Não a nobreza de espírito, nem a da realeza, mas a nobreza do ego.

É urgente uma mudança de atitude individual e coletiva contra o racismo, a intolerância e o preconceito, dando lugar à liberdade, à diversidade e à igualdade social, de gênero, raça, credo, entre outras.

Este capítulo traz um aprofundamento do eu interior a partir do amor, do autoconhecimento e da mudança individual. E, ainda, em uma contextualização atual, destaca a internet como importante rede de comunicação, entretanto, perigosa quando não delimitado o bom uso.

"Quem sou eu na fila do pão?" vai comprovar ser motivo razoável para questionar o discurso do "Você sabe com quem está falando?". Um tema que vale a pena ler!

No capítulo segundo, ***Enquadrando escolhas morais: Qual modelo de decisão é o melhor?***, a temática segue sobre a ética e a moral.

Aborda as escolhas como determinantes na vida do indivíduo e quando positivas trazem consequências de igual teor. Na perspectiva de compreender a importância das escolhas, o aspecto moral serve como orientação daquilo que deve ser feito, levando em consideração o bom uso do livre-arbítrio.

No contexto referente ao outro, trata a empatia como uma ação relevante no que diz respeito à moral, além da caridade e do amor ao próximo, enriquecendo a discussão.

O ponto focal deste enredo são as escolhas e suas consequências. Neste capítulo, as análises, exemplos, citações e reflexões servem como dicas preciosas a respeito das escolhas que cada indivíduo precisa fazer no dia a dia.

Compreender o outro por quê?, título do capítulo terceiro, traz como pauta o reconhecimento do outro. O lugar do afeto, a compreensão e o bem-querer são proposições de olhares para além do próprio interesse.

Profundamente, a base do indivíduo está na plantação, levando a crer que uma boa colheita depende do semeio. "Não colhe milho, onde plantou feijão." Analisa-se aqui a individualidade, a personalidade e a relação humana no contexto social.

A condição que coloca o outro como prioridade no afeto vincula-se à capacidade de amar ao próximo. O amor é uma característica peculiar, uns amam mais, outros são mais amados que amam. Fundamentalmente, apenas o amor é capaz de construir uma base forte na orientação do ser humano, sua vida e seu processo evolutivo.

Discorre alguns cenários dessa temática sob a ótica da filosofia, política, direitos humanos e espiritualidade, por meio de reflexões necessárias a respeito da compreensão do outro.

O quarto capítulo, *O espelho da vida: Reflexões sobre a psicologia do "eu"*, tem como interesse o indivíduo. Debate sobre o poder e o sucesso, a individualidade e a personalidade, o caminho e a evolução.

O capítulo em questão entende o autoconhecimento como necessidade do eu, o mesmo eu que é o espelho que irá refletir na sociedade. Levanta diferentes concepções de "eus", trazendo uma compreensão do indivíduo a partir da História, desde a Pré-história até a Idade Contemporânea, a época atual.

Freud e a psicologia do "eu" também são discutidos aqui. Discorre, ainda, sobre o eu estigmatizado pelas massas, aquele que questiona sua própria realidade. Outrossim, a respeito do eu, o foco da mudança interior é o próprio intelecto.

"Arregaçando as mangas" Encolhendo o Ego é o quinto capítulo. A discussão central é embasada na contradição entre a aparência e a essência.

Traz à tona o papel da internet. Aponta para o uso das redes sociais, questionando a realidade ser capaz de proporcionar uma vida plena e feliz, tal qual parece ser a virtual. Apresenta "pros" e "contras" no uso da tecnologia da informação, mas reconhece que a internet se tornou o palco principal da vida!

Ao encolher o ego, faz-se uma importante reflexão: o relacionamento interpessoal pode contribuir com o desenvolvimento humano, mas este ciclo envolve reciprocidade, valorização e reconhecimento. Neste contexto, é necessário um olhar para fora de si, onde está o outro, o lugar ocupado pelo amor como base para qualquer relacionamento humano.

Se não há amor suficiente, é necessário mudar. A mudança é um estado de busca percorrido por cada indivíduo, em algum momento da vida. Mudar dói, mas é necessário ao aprimoramento humano. Ser no lugar de ter!

O sexto capítulo traz o tema ***Se é para mudar, por que seguir a mesma direção?*** Apresenta a mudança ao enfrentamento de novos processos, como forma de alcançar uma realidade desejada.

Obviamente, a mudança requer entendimento e aceitação da sua necessidade. Deve partir do autoconhecimento e implica disciplina, superação e renúncia. A lógica preside em compreender o processo. Se a escolha é mudar, que seja para melhor!

Neste capítulo, características relevantes no aspecto da mudança são identificadas, entre estas, a coragem, o conhecimento e a determinação colaboram com o resultado.

Para mudar é necessário seguir outra direção, isso quer dizer, toda mudança requer um olhar para dentro a partir do autoconhecimento. Inicia-se um ciclo dotado de altos e baixos que este capítulo aborda com maestria.

Encontrando a paz de espírito: O caminho para a felicidade! é o enredo desenvolvido no capítulo sétimo.

A felicidade é um estado de espírito! Este assunto é discorrido aqui em uma roupagem instigante, no tocante à busca por este sentimento. Aborda a ação ou a omissão como partes do processo de causas e consequências, contribuindo ou desvirtuando a paz de espírito, elemento essencial ao encontro da felicidade.

Conflitos e opiniões são também assunto deste capítulo, em que a intolerância e a violência podem agravar a comunicação causando ódio no lugar da paz. Outrossim, a ética e a moral são observadas como pontos de equilíbrio entre o bem e o mal, no contexto da comunicação. Chega-se ao diálogo, prática comum na filosofia, comprovando ideias na busca pela verdade. O respeito é a base para qualquer relacionamento, onde há respeito há paz.

O encontro com a felicidade depende da ótica que o ser humano tem a respeito da vida, suas escolhas, incluindo o que pensa e como age. Certamente, a felicidade está dentro de cada indivíduo.

No capítulo oitavo, ***Para todos os dias: Gratidão!***, inicia-se uma forte compreensão sobre este tema. A gratidão diária é o assunto principal. Cabe ressaltar que é algo individual e intransferível, entretanto, pode e deve ser compartilhada. A gratidão compartilhada contagia o ambiente!

Contextualiza a gratidão em oposição à gratificação ou a gratidão gratuita e a egoísta. São totalmente distintas e incongruentes. Estabelece, ainda, alguns limites obrigatórios no exercício da gratidão, trazendo exemplos de como ser grato. Amplamente, é a gratidão uma condição natural que edifica a vida para a prosperidade. A generosidade faz parte da gratidão.

Este capítulo aponta para processos libertadores onde apenas a gratidão é capaz de ampliar o acesso às energias de bem-querer. O ato de agradecer é um ato humano e por ser humano precisa ser feito de coração.

Para enriquecer esta temática, alguns exemplos são destacados, comparando diferentes culturas, Brasil e Estados Unidos, como forma de colaborar com o desenvolvimento da prática da gratidão diária, através da gentileza, disciplina e educação.

O capítulo em questão, de forma contextual e convidativa, traz uma reflexão da importância do agradecimento a partir de um genuíno senso de gratidão.

A conexão com o Sagrado e a gratidão, capítulo nono, é um assunto que não poderia faltar neste livro.

Este capítulo compreende a importância da conexão com o Plano Superior e sua relação com a gratidão. Estabelece alguns elementos capazes de comungar com a fé, o Sagrado e a gratidão, entre estes: a oração, a meditação e a religião.

O Sagrado, sua força, energia e proteção são fatores essenciais no encontro do ser humano com a gratidão. Quando o indivíduo se sente protegido, ele agradece!

O ato do pensar como elo entre o mental e o espiritual tem um papel relevante no tocante à conexão com o Sagrado, tanto quanto na sintonia e vibração energética, colaborando com o equilíbrio individual e do ambiente ao redor. O pensamento, mar de energia sutil, pode ser canalizado para o bem ou para o mal dependendo da vibração emitida e/ou recebida.

Portanto, o pensamento é uma força que direciona o ser humano a agir de acordo com sua vontade, onde a gratidão pode ser alvo deste desejo. Tudo depende de como o indivíduo vai conduzir sua trajetória, tanto no plano material quanto no aspecto espiritual.

Capítulo décimo, ***Diga a si: "Sou grato(a), sou abençoado(a)***, amplia o elo existente entre a gratidão e a bênção.

A gratidão deve iniciar no seio da formação do indivíduo através da família, adiante nos relacionamentos interpessoais, no convívio social, nas relações profissionais e assim sucessivamente.

Este capítulo visa à compreensão entre a gratidão e a bênção, como um relacionamento que se sustenta a partir do amor. Para explicar o amor, usa como base o conhecimento das formas de linguagem deste, à luz da psicologia. O amor tem uma relação dialógica com a gratidão, principalmente porque a linguagem do amor é orientada para atender aquilo que o outro necessita.

Deve convir que há uma relação imbricada entre *gratidão e bênção* que será assimilada até o final da leitura deste livro, proporcionando uma oportunidade de rever valores e construir uma nova forma de sentir, ver e viver a vida.

O último capítulo, décimo primeiro, ***Jornada de Gratidão Diária***, traz o enredo central do livro com algumas digas preciosas de como expandir a gratidão diariamente.

Em suma, um modelo prático é abordado para possibilitar o fortalecimento do exercício da jornada de gratidão no dia a dia.

Leia, reflita, reconheça, aceite, receba e agradeça diariamente. Para quem acredita na existência de forças superiores regendo o universo, emitir energias de amor e vibrar positivamente em pensamento são proposições que dependem apenas da vontade individual, e que colaboram com resultados desejados.

Uma vida abençoada depende também de cada indivíduo. A jornada de gratidão diária é um modelo necessário ao aprimoramento humano sob a perspectiva da iluminação espiritual. Inicie hoje sua Jornada de Gratidão Diária e sinta-se abençoado(a)!

1

IDENTIFICANDO PADRÕES:

QUEM SOU EU NA FILA DO PÃO?

INICIANDO ESTE LIVRO A RESPEITO DA gratidão como instrumento gerador de bênçãos, sob a ótica da iluminação espiritual, trazemos a primeira questão a ser refletida: Quem sou eu na fila do pão? Um jargão popular, de pouca identificação com o contexto literário e filosófico, mas que faz algum sentido neste prólogo.

O entendimento da questão acima é trazer uma reflexão ao nosso eu interior, detentor de identidade própria, muitas vezes carregado de ego e vaidade. Isso se nota facilmente quando situações divergentes são colocadas à prova e no lugar da reflexão —Quem sou eu na fila do pão?— entra em ação a arrogância —Você sabe com quem está falando?—

Seguiremos com o discurso dual a respeito do eu comedido em contraponto ao eu arrogante. Iniciaremos pelo último, contextualizando o caráter da prerrogativa do eu superior como ponto de inflexão, no sentido da mudança de atitude de superioridade para humildade. A questão a ser refletida baseia-se no uso do argumento "com quem está falando" dando lugar à autoanálise do termo "quem sou eu".

Ao trazermos a simbologia do discurso a respeito do eu temos grande tarefa a cumprir. Trata-se do desvelamento da arrogância como lugar de análise e entendimento da presente superioridade desta no eu que pode ser encontrado em muitos indivíduos.

Podemos definir o eu como uma composição do ser humano através de sua gênese psicológica[1] e genética familiar[2], o meio[3] que encontra inserido e a percepção[4] de mundo.

A arrogância é parte de um contexto extremamente presente em muitos meios sociais, para além do eu pessoal, dotando o círculo dessas pessoas de algo tóxico e pouco produtivo. Sobre a ótica do que a arrogância produz no indivíduo encontram-se a vaidade, o ego e o despeito sobre o outro. Características muito próprias do "quem está falando".

---

[1] Estudo da origem e desenvolvimento dos processos mentais ou psicológicos, da mente ou da personalidade.

[2] Herança transmitida entre gerações e que vai se manifestar em algum momento na vida do indivíduo.

[3] Contexto em que vive e/ou se relaciona o indivíduo.

[4] Interpretação, organização e armazenamento de experiências produzidos pelo cérebro.

Apesar dessa prática ainda ocorrer em muitos ambientes, ela se manifesta prioritariamente no seio da hipocrisia social. Isso pode ser visto em restaurantes, onde o consumidor não satisfeito com o prato ou atendimento recebido, assume o lugar do eu superior, o eu quem está pagando a conta e, provavelmente, o salário do funcionário deste estabelecimento. Nas filas dos hospitais, repartições públicas de atendimento direto ao usuário/cidadão, é comum alguma frase correspondente a esta, como medida de imposição de superioridade. Em lojas e supermercados, é fácil ouvir este argumento medíocre.

Enfim, podemos citar inúmeros exemplos para o uso deste conceito em situações em que o padrão socioeconômico, o cargo, a titulação ou a posição de destaque de quem fala sobre quem ouve é superior sob a ótica do primeiro. O que não podemos esquecer é de situá-lo em seu devido lugar, o lugar da autoridade, da arrogância, da prepotência, da superioridade e, muito mais profundo que isso, do preconceito e cultura de servidão.

Ao entrarmos no tema que associa preconceito e cultura de servidão ao quem está falando estamos trazendo à tona o discurso da elite. Aquela mesma que se julga superior e melhor que a maioria, a classe abastada, onde ricos e poderosos encontram lugar de assento.

Infelizmente, o preconceito[5] faz parte da realidade da cultura de servidão. Esse conceito, recepcionado do período da escravidão, continua segregando pessoas em função de sua raça[6], cor e condição social.

A sociedade não precisa saber quão negra é uma pessoa ou o são seus ancestrais, basta saber se, em seu contexto relacional, sua aparência a torna passível de ser enquadrada nessa categoria para considerá-la uma vítima potencial de discriminações, diretas ou estruturais (OSORIO, 2003).

---

[5] A marca principal que permite a identificação dos potenciais vítimas de preconceito é a cor, para a qual existe uma espécie de escala de gradação que vai do estritamente branco (o nível ideal) ao completamente preto. O preconceito se intensifica na razão direta dessa escala de cor e do porte de outras marcas: quanto mais negra é uma pessoa maior é a probabilidade de ser vítima do preconceito (ORACY, 1985 apud OSORIO, 2003).

[6] Classificações são os tijolos do simbólico, pois classificar é introduzir distinções, similitudes e oposições, um processo cognitivo que torna possíveis a cultura, a linguagem e, por conseguinte, a vida em sociedade. Entretanto, quando se vai além disto para postular que as pessoas que têm pele escura são menos capazes, ou predispostas a fazerem isto ou aquilo, não se pode mais atribuir essas desigualdades culturalmente construídas à biologia ou à genética. Ultrapassa-se a "raça" como realidade biológica e chega-se à raça como realidade sociocultural, de caráter completamente distinto. A genética não interessa para discriminar, apenas o que se pode ver – ainda mais onde prepondera o preconceito de marca –, e o DNA só se enquadra nessa categoria de objetos para os geneticistas. Ao branco racista comum, pouco importa o fato de geneticamente ser praticamente igual ao negro que discrimina: bastam as diferenças visíveis da cor da pele, do cabelo e das feições. Essas características que permitem identificar a raça são extrapoladas como determinantes de uma série de outros atributos, mas a biologia por si não autoriza essa extrapolação. Esta é cultural e sua presença é justamente o que indica que há racismo em uma sociedade. A existência das raças, portanto, expressa o fato de que há diferenças biológicas entre grandes grupos de indivíduos que são sensíveis e classificáveis, mas não autoriza o racismo, que é um conjunto de construções culturais sobre essas diferenças que lhes atribui um sentido que não é "natural" (OSORIO, 2003).

Analisando o contexto supramencionado chegamos à conclusão que é necessário um repensar sobre quais caminhos levam o cidadão a buscar um novo lugar ao sol: o lugar do "quem sou eu na fila do pão". Obviamente, não tratamos filosoficamente o fato de quem encontra questionando sua posição social, a não ser como forma de questionar uma realidade preconceituosa, opressora, agressiva e superior.

Muito menos tratamos a questão acima como parte da exclusão de qualquer grupo ou ideologia. Ao contrário disto! Trazemos a reflexão sobre como a autoanálise e o desenvolvimento da percepção sobre si contribui com o avanço da empatia, respeito mútuo, participação e coletividade. O sentido amplo da questão está na busca por um eu inclusivo, que ao olhar para fora de si vê muito mais sobre si em relação ao entorno. Isso potencializa e encaixa o indivíduo em seu lugar de fala, de entendimento e de pertencimento.

Toda vez que somos capazes de olhar para dentro de nós e para fora com autocrítica, nos condicionamos a exercer a força interior sobre nós mesmos. Isso se mede pela capacidade de refletir a respeito de quem somos, o que temos, aonde podemos chegar e, principalmente, o que fazer para chegar aonde queremos.

Isso é muito interessante sob a percepção de mundo. Não o mundo que a internet aponta, mas o mundo real que nos cerca, incluindo a internet, e não exclusivamente a partir dela.

No complexo canal que leva o ser humano a buscar sua identidade, reconhecer suas fraquezas e forças, identificar medos e potencializar ações pela coragem, no ato de vencer obstáculos e suprimir barreiras, está o eu que questiona sua posição em relação ao contexto ao qual pertence.

Sob uma nova forma de reconhecer para além do que o indivíduo possui, o que deseja e o que pode se tornar, está o eu quem sou. E o eu quem sou é o mais importante ator da jornada de cada indivíduo. É ele que faz acontecer, que sofre as consequências dos atos e paga o preço pelas escolhas. Identificar o eu quem sou tem sido fundamental ao novo eu que quer surgir, no contexto atual, como fonte de inspiração e desenvolvimento humano e espiritual.

Uma nova leitura de mundo pode ser compreendida a respeito do eu que quer surgir. O eu questionador a respeito de si, no lugar do eu que julga o outro. Isso se torna evidente na expressão "quem sou eu na fila do pão" e traz um repensar importante sobre essa nova percepção.

O eu que se coloca no lugar do outro, que tem a empatia como lugar de representatividade sobre si, é aquele que reconhece seus erros e busca melhorar aspectos referentes a sua personalidade, impactando positivamente seu redor. Este é o eu que iremos discutir a seguir.

Como alavancar posições de destaque tendo o eu como base das próprias escolhas? O primeiro contexto a ser analisado é embasado na Bíblia Sagrada: "E, tudo o que pedirdes em oração, crendo, o recebereis" (Mt 21:22). Nesta perspectiva, o indivíduo se coloca seguro de si e de sua fé, entregando a Deus sua vontade. Isso é parte importante quando o aspecto humano e o desenvolvimento espiritual se organizam de forma harmônica, alicerçando e dando sentido à vida. A partir da confiança no resultado, tendo a fé como base e o trabalho como propósito, é fácil entender o processo construído pelo "eu na fila do pão". Um eu simples e disposto a questionar a si e não aos outros.

Isso significa compreender que sonhos e projetos devem ser apoiados na força individual, sem olhar para o outro, vislumbrando apenas a si como um espelho para as próprias conquistas, renunciando a vaidade exacerbada no lugar da humildade. Não que ser humilde seja fácil. Ao contrário disto! É um caminho árduo vencer as barreiras do orgulho. Mas é um caminho necessário quando o "eu na fila do pão" se torna presente dentro do ser humano.

Agir em favor da consciência atuante sobre a perspectiva do eu é fundamental para quem deseja superar vícios. Administrar a vaidade é também conduzir caminhos em direção ao eu mais conectado com o universo, a natureza, o amor ao próximo e, principalmente, ao Sagrado. Usar artifícios que delimitam a utilização de boas vibrações, como energias necessárias ao aprimoramento humano, condiz com o trajeto natural na busca pelo eu mais equilibrado.

O maior desafio para alcançar resultados que levem ao eu interior, despido de medos e argumentações vazias como desculpas para o avanço de uma casa a mais no jogo da vida, é o enfrentamento da batalha diária na relação entre "quem sou eu na fila do pão" e "você sabe com quem está falando?"

A humildade e o ego são aliados da mudança. A primeira como processo necessário na construção de base sólida e orientada ao novo entendimento sobre si. O segundo, como entrave ao crescimento individual na direção do aprimoramento moral, tendo como objetivo afastar o eu interior dele mesmo, de acordo com a perspectiva da mudança racional sobre o lado emocional, do individual sobre o coletivo, do simples sobre o complexo.

A teoria do amor universal, na máxima baseada nos ensinamentos de Cristo para a humanidade, diz assim na Bíblia Sagrada: "E Jesus disse-lhe: Amarás o Senhor teu Deus de todo o teu coração, e de toda a tua alma, e de todo o teu pensamento" (Mt 22:37). [...] "Amarás o teu próximo como a ti mesmo" (Mt 22:39). E para além disso, como Jesus nos amou e deu a vida por nós, é a base para o aprendizado da humildade na comunhão de uns com os outros.

O amor é uma característica universal e cabe ao ser humano trabalhar dentro de si para desenvolvê-lo tal qual Cristo ensinou. Isso parece ser um caminho fácil na teoria. Na prática, é bem difícil. A maneira mais apropriada para uma boa dose de amor ao próximo é a aproximação de Deus. Isto é, orientar-se pela formação espiritual como auxílio necessário a um olhar afetivo para o outro, capaz de proporcionar a compreensão das dores e o respeito pelas diferenças.

Quanto mais próximo nos sentimos de Deus, mais nos afastamos da mediocridade do julgamento alheio, da insanidade da guerra espiritual, do fanatismo religioso e da superioridade moral que o lado material é capaz de fornecer. Um aspecto urgente para essa maturidade individual é a escolha do caminho a seguir. Sem anátemas religiosas, frustrações pessoais ou encolhimento da identidade individual: a base do eu que objetiva a mudança é o lugar ideal para a proximidade de Deus.

O amor é o caminho para a evolução espiritual. Galgar essa estrada, a priori, parece simples. Entretanto, é fácil amar a quem nos ama. Difícil e custoso é amar ao inimigo, ao colérico, ao raivoso, ao juiz da vida alheia, enfim, a todo indivíduo que por alguma razão não tem sintonia com nosso pensamento ou forma de agir.

Conectar-se com energias menos densas é fundamental quando se busca o eu interior disposto a crescer e fazer tudo diferente. Vemos nesta concepção uma oportunidade para a aprendizagem ocorrer enquanto seguimos na busca por novos horizontes, onde o amor seja a bússola, a fé a companheira e a caridade a ação. Agir em prol do outro é, portanto, mais um aspecto congruente com o eu no estágio de mudança.

Apesar de todas as características individuais, aquelas que acompanham o indivíduo desde o seu nascimento, que são a base para formação humana, o conceito da mudança não tem uma única função para todos os seres. Este se comporta de forma diferente em cada ocasião. Umas pessoas são mais intelectualizadas, outras mais emotivas, algumas mais conectadas com a fé, outras distantes da religião. Independente da característica que mais aproxima o indivíduo dele mesmo, sua base e sua origem, para mudar é importante identificar quem é e partir deste princípio como algo a percorrer.

Isso quer dizer, se somos mais espiritualizados, precisamos atuar mais na direção do amor ao próximo. Se nossa característica principal é o desenvolvimento cognitivo, devemos nos preencher de mais compreensão. Se nos sentimos mais fortes emocionalmente, temos que buscar um equilíbrio racional.

Os exemplos acima apenas demonstram como cada um deve balizar o eu individual na busca pelo processo de aprimoramento humano e espiritual. Um não caminha sem o outro. A fé morta, sem ação, é uma fé sem sentido prático. De acordo com a Bíblia Sagrada: "Assim também é a fé. Se não tiver as obras, é morta em si mesma" (Tg 2:17). O conhecimento sem a prática filosófica é também vazio em si mesmo. Para Aristóteles, a filosofia divide-se em teorética, prática e poética, o que abrange todo o saber humano, racional.[7] Tudo tem um ponto de equilíbrio e o conjunto harmônico é o todo agindo em função do progresso individual e, adiante, coletivo.

Essa é a lei da vida: evoluir sem cessar até encontrar uma condição natural de evolução sem que haja a busca por esta. O processo é, portanto, natural. O caminho é simbólico. E a aprendizagem é efetiva e permanente.

Toda vez que desejamos encarar a mudança que caiba melhor dentro da nova perspectiva do eu, orientada por uma mentalidade condizente com a evolução almejada, é fundamental alinhar ação e pensamento. Isso porque o ato de pensar, voluntário ou inconsciente, é o que vai conduzir a ação prática. Não adianta pensar em sermos melhores sem que haja uma atitude referente a esse desejo, por exemplo.

Pensamento e desejo se conectam com os atos. Toda vez que pensamos, agimos? Não necessariamente. O pensamento impulsiona o indivíduo a uma prática que só vai ocorrer se este determinar à vontade própria o desejo de realizar, de fazer. Desta forma, conectados –pensamento e

---

[7] A filosofia teorética, por sua vez, divide-se em física, matemática e filosofia primeira (metafísica e teologia); a filosofia prática divide-se em ética e política; a poética em estética e técnica (MOURA).

desejo–, através da força da vontade emanada pelo ato de pensar, surge a ação. Apenas o pensamento sozinho não é capaz de mudar as coisas se não houver um desejo real por essa ocorrência.

Reformulando a pergunta acima: O pensamento é capaz de produzir resultado? Sim, através do ato de pensar a energia canalizada pelo indivíduo foi gerada para este propósito. Mas a realidade criada a partir do pensamento necessita de uma carga energética, produzida pelo indivíduo, atuando na direção do resultado.

Segundo a Física Quântica o pensamento produz ondas psíquicas e pode colapsar. É o pensamento corpúsculo fluídico, força passiva, que pode ser mobilizada por uma inteligência capaz de conduzí-lo para o bem ou para o mal, dependendo da influência e sintonia (LOBO, 2022).

A força individual produz o resultado desejado se houver canalização suficiente para isso. O merecimento é algo que colabora com o alcance do que é desejado pelo indivíduo. Além da fé, como produtora de energia não material atuante em favor do desejo humano, quando este não pode ser alcançado apenas por meios materiais.

Portanto, mudar é algo extremamente significativo e necessário sob a ótica da evolução. De acordo com a teoria Espírita, todos os Espíritos partiram de um ponto inicial, simples e ignorante. O que os torna potencialmente capazes de evoluir para um estágio mais avançado através do processo de encarnação.

Embora cada indivíduo possa mudar, isso requer um movimento individual. Ninguém muda ninguém. Nenhum de nós é capaz de mudar o outro, a não ser a nós mesmos, o que caracteriza a mudança a partir de um sentido próprio e voluntário.

No contexto relacionado ao eu na fila do pão, a mudança é algo que transcende sua própria vontade e se processa de forma natural, devido seu posicionamento na vida. Significa que quando o indivíduo é capaz de questionar a si próprio, isso é devido sua capacidade altruísta de pensar. Ao questionar-se, todo o contexto para além de sua existência já está posicionado como um desafio ao seu processo de melhoria. Isso é naturalmente conduzido por ele sem que tenha que relutar contra os limites do ego.

As barreiras do ego são contrapontos ao processo de transformação humana. Elas prendem o ser humano em um estágio adaptado a sua realidade, ao seu desejo pessoal e sua capacidade de agir contra tudo que o questione, mesmo que involuntariamente.

Ao agir na contramão do ego o ser humano é capaz de crescer. Ou seja, evoluir um degrau em sua nova estrada da vida, a de constante aprendiz.

Desta forma, fica mais equilibrado compreender a diferença entre "quem sou eu na fila do pão" e "você sabe com quem está falando?" Aliás, a distância é tremenda! Não há sequer alguma similaridade entre polos opostos como estes. Um é ele mesmo e o outro é quem ele acha que é.

Metaforicamente, um é como o óleo que jamais consegue incorporar à água devido sua densidade, embora ambos sejam da mesma natureza líquida. Já a água, por ser leve, é facilmente desprezada pelos opostos. Sua fluidez dá lugar ao que ela mesma sobrepõe sem ser vista, porque não necessita aparecer para ser. Ela é pura e simplesmente a fonte da vida!

Ser naturalmente o eu sem quaisquer subterfúgios como: posição socioeconômica ou familiar, riqueza ou herança, título ou cargo, é o grande desafio do indivíduo no tempo atual. Isso é raro de compreender para quem nasceu na era da internet.

A comunidade da internet tem tomado como verdade a estrutura criada e produzida através das redes sociais, onde o que mais importa é quantos seguidores e quantas curtidas (likes) "fulano ou ciclano" têm! A medida do valor do ser humano tem sido baseada pelo que ele é capaz de produzir em termos de manifestação virtual, no lugar do que ele realmente é enquanto indivíduo. Isso tem um duplo sentido e é muito perigoso.

A primeira análise deste contexto pode ser orientada ao grupo de influentes. Dentre estes, há os que possuem boa influência e se destacam pela sua imagem, proposta e trabalho. Entretanto, há aqueles que têm necessidade de mostrar ser o que na verdade não são. E isso pode ser muito ruim para quem não consegue distinguir uma boa influência de uma não tão boa assim. Para alguns é mais importante que seus seguidores "comprem" a ideia de uma vida perfeita no lugar de normalizarem a vida cotidiana com altos e baixos, ganhos e perdas, monotonia e agitação etc.

Ainda bem que existem os bons influenciadores e estes têm ganhado espaço no lugar dos demais porque trazem informação, entretenimento, conhecimento, diversão, entre outras formas de manter seus seguidores "grudados" em suas redes sociais.

A segunda análise pode ser considerada a partir do grupo de seguidores, aqueles que seguem o primeiro grupo. Neste contexto, o bom senso é o balizador das escolhas a respeito do que pode ser útil ou não para ser consumido no mundo virtual. Esta escolha é democrática!

O exemplo acima traz novamente à tona o discurso da divergência entre padrões como reflexão. Infelizmente a exclusão toma lugar de assento na vida da maioria das pessoas pertencentes ao mesmo espaço social, entretanto, de lados diferentes: quem é seguido e quem segue, influentes e seguidores.

É importante ressaltar que o bom da internet é que existe oportunidade para todos que possuem acesso. Se o indivíduo tem talento, trabalho e persistência ele pode passar do grupo de seguidores para o de influentes do dia para noite.

É muito delicado tocar no assunto da internet como rede globalizada que conecta polos extremos e distintos a um mesmo espaço de discussão. Nesta concepção, as redes sociais têm importantes papéis na vida da coletividade: informar, formar, incluir, discutir, refletir, compartilhar, aprender e ensinar. Neste contexto encontra-se delimitado o bom uso.

Como atrelar o uso da tecnologia e informação ao eu na fila do pão? O eu que se conecta com sua nova perspectiva de identidade, simples e livre de egoísmo não significa que seja desinformado, desinteressado e sem contato com conhecimentos avançados e recursos de ponta. Ao contrário disso, ser parte da mentalidade do eu na fila do pão não tem qualquer ligação com posição econômica, social, grupo ou classe. Isso porque este tipo de "eu" se preocupa com seu desenvolvimento humano, onde o conhecimento é uma causa justa a perquirir. O entendimento é baseado em uma nova percepção da realidade, longe de ser alguém que não vislumbre o aprimoramento ou a utilização da informação como fonte de pesquisa e interesse. Sua base principal é sua própria concepção de vida e não a alienação.

Com a clareza que o assunto acima requer, o eu que se conecta com a informação, a pesquisa, o estudo, a investigação, como formas de adquirir mais conhecimento pode fazer parte do "eu na fila do pão". Em termos de comportamento humano é o tipo de questionamento que este "eu" persegue. Sua própria mudança é sinônimo de aceitação das escolhas individuais sem que o coletivo seja pauta menosprezada. Ele apenas usa sua individualidade como alvo de melhoria contínua. E isso não tem qualquer ligação com sua conta bancária, ao contrário, esta é o que menos importa no contexto amplo de sua visão sobre si em relação ao mundo.

Em suma, qualquer um de nós pode se tornar o "eu na fila do pão" quando a vida passa por grandes divergências, tais quais: frustrações, perdas e medos, por um lado ou conquistas e ganhos, por outro. Independente da causa principal que nos leva ao questionamento de quem somos, este é o sentido da expressão acima. Toda vez que nos encontramos perdidos sem respostas aos nossos anseios é necessário repensar sobre quem somos. Muitas vezes, a mudança bate à porta através das dificuldades impostas pela vida, em função de nossas escolhas.

E, neste momento, é a hora de questionar nosso lugar no mundo, não por medo de perder quem somos, mas justamente para descobrir, de fato, quem somos.

Se ao ler este capítulo você questionou sua função, missão, história, perspectiva ou experiência de vida, muito provavelmente, o "eu na fila do pão" foi responsável por essa reflexão. Independente do local que você se encontra na vida, sua visão de mundo ou posição, o encontro com o novo eu, o eu que quer crescer e fazer diferente, é uma grande oportunidade para refletir sobre a mudança.

2

ENQUADRANDO ESCOLHAS MORAIS:

QUAL MODELO DE DECISÃO É O MELHOR?

NESTE CAPÍTULO GOSTARÍAMOS DE trazer como pauta a discussão do certo e do errado sob a ótica do aspecto moral. Antes de fazermos escolhas, obviamente que devemos ter consciência a respeito do que estas podem afetar nossa vida e nosso entorno. Isso diz respeito ao lugar do outro.

A prerrogativa para o processo decisório, entre o certo e o errado, encontra-se escorada na moral[8]. O objeto da ação moral é portador de um sentido moral: "O bem é apresentado à vontade pela razão como objeto, e, enquanto está sob a ordem da razão, pertence ao gênero moral e causa bondade moral no ato da vontade."[9]

---

[8] *Significado:* Preceitos e regras estabelecidos e admitidos por uma sociedade que regulam o comportamento das pessoas que fazem parte dessa sociedade. *Filosofia:* Parte da filosofia que trata dos costumes, dos deveres e do modo de proceder dos homens nas relações com seus semelhantes. *Etimologia (origem da palavra moral):* A palavra moral deriva do latim "moralis", com o sentido do que se refere aos costumes, hábitos (MORAL, 2020).
[9] (ST, la, q. 19, a. 1, ad 3um apud MARTINES, 2019).

No exercício da vontade, devemos reconhecer o uso do livre-arbítrio[10] como ação voluntária do ser humano, enquadrando-se nas questões morais, segundo a percepção do próprio indivíduo ao agir. De acordo com Tomás de Aquino, a existência do livre-arbítrio é reconhecida com base na afirmação da vida moral, pois, sem ele, "os conselhos, as exortações, os preceitos, as proibições, as recompensas e os castigos seriam vãos".[11]

Agora que já compreendemos o quão importante é a moral para o desenvolvimento humano, entraremos a seguir no contexto da aplicabilidade desta. Deixaremos o livre-arbítrio para ser discutido mais à frente.

O exercício da prática dos bons costumes é uma orientação ao caminho do bem. Muito além disso, temos o desenvolvimento das habilidades práticas a respeito das ações que vão ao encontro do bem. Entendendo aqui o bem como uma virtude do ser humano, algo que naturalmente faça parte do dia a dia.

De acordo com o pensamento a respeito do bem, podemos encontrar a empatia como um padrão de comportamento humano direcionado ao olhar para o outro.

---

[10] Oportunidade ou possibilidade de tomar decisões por vontade própria, seguindo o próprio discernimento e não se pautando numa razão, motivo ou causa (...) (LIVRE-ARBÍTRIO, 2020).
[11] (ST, Ia, q. 83, a. 1 apud MARTINES, 2019).

Neste lugar de acolhimento, sob a ótica do indivíduo para fora de si mesmo, a empatia é entendida como a capacidade de se colocar no lugar do outro. É esta uma maneira de compreensão para além dos julgamentos e opiniões maliciosas a respeito de alguém. Um olhar afetivo, uma mão amiga, um entendimento sobre o outro, e, principalmente, a ausência da crítica, podem corresponder a atitudes empáticas.

Outra característica importante que corresponde ao bem é a prática da caridade. Esta, claramente pode ser enquadrada em atitudes que vão ao encontro de terceiros, quer seja na contribuição material, no aspecto emocional ou na aplicabilidade de cunho espiritual.

A caridade quando comparada às ações materiais usa como auxílio as doações, presentes, coisas materiais de um modo geral, que preencham a necessidade do outro a respeito daquilo que este não tem condições de adquirir pelas próprias forças naquele momento.

A caridade emocional pode ser aquela que o indivíduo é capaz de dar a quem encontra-se carente sob o aspecto não material. Este tipo de doação é muito forte e precisa ser de verdade por parte de quem doa. Pode ser uma ajuda a respeito da autoestima de quem está sofrendo crítica, indiferença, bullying, preconceito, julgamento ou qualquer outra forma de violação do seu direito. Quando o ser humano consegue entender que uma mão estendida, um abraço sincero, uma palavra de incentivo podem salvar vidas, naturalmente está preparado para este tipo de caridade. Este comportamento baseia-se na sensibilidade de perceber que o outro necessita de ajuda emocional. Outrossim, só é capaz de ajudar neste tipo de necessidade quem leva no coração o amor ao próximo como entendimento sobre a vida.

A caridade espiritual pode ser considerada como acolhimento espiritual a quem necessita de auxílio não material e não emocional. É algo para além dos quesitos acima. Não fazendo parte da colaboração desejada trabalhos que podem fazer mal à vida do outro. Pode-se compreender a oração como um caminho de encontro ao espiritual. A religião é uma grande auxiliadora deste tipo de necessidade. A fé é também um mecanismo de proteção do espiritual e esta pode ser alimento da necessidade de terceiros.

A caridade é uma forma de prática material, emocional e espiritual e muitos religiosos, catedráticos, estudiosos, filósofos, espiritualistas, cristãos, filantropos, espíritas, entre outros, abordam-na como auxílio aos mais necessitados. O maior orientador do modelo a ser seguido enquanto caridade para quem necessita é Jesus, o grande mestre e salvador da humanidade.

Jesus em suas pregações, ensinamentos e milagres nos deixou a caridade como prática a seguir. Em uma das suas inúmeras realizações, o exemplo da multiplicação dos pães e dos peixes, de acordo com a Bíblia Sagrada, é uma grande lição de amor e caridade ao próximo:

> "E, sendo chegada a tarde, os seus discípulos aproximaram-se dele, dizendo: O lugar é deserto, e a hora é já avançada; despede a multidão, para que vão pelas aldeias, e comprem comida para si" (Mt 14:15). "Jesus, porém, lhes disse: Não é mister que vão; dai-lhes vós de comer" (Mt 14:16). [...] "E, tendo mandado que a multidão se assentasse sobre a erva, tomou os cinco pães e os dois peixes, e, erguendo os olhos ao céu, os abençoou, e, partindo os pães, deu-os aos discípulos, e os discípulos à multidão" (Mt 14:19). [...] "E os que comeram foram quase cinco mil homens, além das mulheres e crianças" (Mt 14:21).

Sob a ótica do Espiritismo, segundo Kardec (2006), em O Livro dos Espíritos, a respeito do verdadeiro sentido da caridade, "o amor e a caridade são o complemento da justiça, pois amar ao próximo é fazer-lhe todo o bem que nos seja possível e que desejáramos nos fosse feito." Ainda em Kardec, em O Evangelho Segundo o Espiritismo, "fora da caridade não há salvação", entendendo a caridade como uma das três virtudes, ao lado da fé e da esperança, a saber:

> "Agora, estas três virtudes: a fé, a esperança e a caridade permanecem: mas, dentre elas, a mais excelente é a caridade" (S. PAULO, 1a Epístola aos Coríntios, 13:1 a 7 e 13). Coloca assim, sem equívoco, a caridade acima da fé. É que a caridade está ao alcance de toda gente: do ignorante, como do sábio, do rico, como do pobre, e independente de qualquer crença particular (KARDEC, 2006).

Outras religiões, além daquelas que são baseadas no cristianismo, apontam a caridade como importante prática de redenção.

De acordo com o Budismo, pode-se compreender a caridade como resultado de preceitos que levam à iluminação. A perfeição, simbolizada pelas virtudes: generosidade, disciplina, ética, paciência, esforço entusiástico, concentração e sabedoria, juntas proporcionam um estilo de vida baseado na compaixão.[12] Em suma, a prática dos ensinamentos budistas demonstra que beneficiando os outros também será beneficiado.

---

[12] (DINIZ, 2023).

Segundo o Hinduísmo, a caridade é uma espécie de ação que antecede a alma em uma outra encarnação, sendo, portanto, vinculada às vidas anteriores. Para o Hinduísmo, a existência é cíclica e o retorno à vida se dá por meio da reencarnação. Esta volta é determinada pela lei do Carma que é o somatório de pensamentos, sentimentos, desejos e ações do indivíduo, acumulados no período de sua vida encarnada.

Portanto, a caridade é uma grande forma de praticar o bem e, muito mais que acolher o outro, através desta há o ensinamento de grandes lições para quem a pratica. Sendo, neste contexto, um bem de mão dupla, porque ao doar, o indivíduo recebe muito mais que seu próprio ato foi capaz de fazer. Tira-se uma grande lição da caridade que é o amor ao próximo.

Aqui neste capítulo, quando abordamos as escolhas estamos considerando a ética e a moral como padrão de comportamento a respeito destas.

Voltando ao livre-arbítrio, que é uma ferramenta dada por Deus à humanidade, de acordo com Tomás de Aquino, "o homem tem domínio de suas ações pela razão e pela vontade. Donde será chamada de livre-arbítrio a faculdade da vontade e da razão."[13] Para Kardec, "sem o livre-arbítrio, o homem não teria nem culpa por praticar o mal, nem mérito em praticar o bem."[14]

É importante ressaltar que o uso do livre-arbítrio é uma condição natural do ser humano, muitas vezes contribuindo com seu processo evolutivo ou ao contrário disso, dependendo de suas escolhas. O fato é que sem o uso deste modelo é impossível viver. Todos os indivíduos praticam ações e estas fazem parte da gama de decisões que tomam diariamente.

Para compreender qual a melhor forma de alcançar resultados significativos é necessário observar a rotina que orienta a caminhada diária. Quais passos são tomados e qual direção deve ser escolhida para conduzir a vida a curto, médio e longo prazos? Isso se caracteriza pela forma de pensar e de agir. Um não caminha sem o outro. Muitos pensam antes de fazer, outros fazem antes de pensar.

O pensamento é a força motriz que direciona as escolhas. Pensar sobre como vai ser o dia, o mês, o ano, vivendo o presente e planejando o futuro traz uma possibilidade de refletir sobre as escolhas tomadas. Isso

---

[13] Martines, 2020 apud Lobo, Ouça seus Guias Espirituais, 2021.
[14] Kardec, 2006 apud Lobo, Quantum: Enigma da Existência, 2022.

pode colaborar com a correção de excessos e orientação da tomada de decisão a respeito do bem, ou seja, fazer aquilo que além de ajudar a si não vai atrapalhar o outro.

Determinadas escolhas trazem grandes enredos, positivos ou negativos, que podem desencadear resultados para além de uma pessoa. Algumas ações esbarram em processos que contribuem ou não com o resultado esperado. Ocorre que toda ação tem uma reação e isso deve ser pensado antes da tomada de decisão que vá ao encontro do outro.

Como exemplo, a relação familiar pode ser impactada pela chegada de um novo membro, quer seja pela união de duas pessoas, pelo nascimento de um bebê, pela aquisição de um animal de estimação, e isso são escolhas positivas para quem as faz; por outro lado, a mudança de residência, de emprego, de país, podem trazer consequências para mais de uma pessoa, e isso precisa ser compartilhado entre os envolvidos.

Escolhas sempre afetarão de uma forma ou de outra o contexto. No ambiente de trabalho escolhas são sempre necessárias. Às vezes, uma escolha mal pensada pode ocasionar riscos maiores para o contexto empresarial. Decisões são a chave para o sucesso profissional e exigem responsabilidade, comprometimento e empatia para não afetarem negativamente a maioria.

O principal problema do ato de fazer chama-se consciência. Para entender a consciência é importante conhecer um pouco a respeito do ego que, como pode ser percebido, tem sido pauta recorrente de discussão neste livro e será abordado com mais propriedade em outro capítulo. Isso porque o ego é um mecanismo que precisa ser observado quando usado em excesso. Como componente atuante no indivíduo de forma consciente, o ego interage com o mundo real. É aqui, de forma mais simples compreender a relação entre o eu e o outro, o mundo ao redor.

Para a psicologia, o Ego é um composto do desenvolvimento humano ao lado do Id e do Superego. São, portanto, a tríade do modelo psíquico. São elementos essenciais do indivíduo em sua psique, algo que todos possuem. Compreender o ego é fundamental quando o processo que se busca construir depende da associação entre o eu e o outro.

Para entender melhor sobre isso, vamos descrever estes três elementos, componentes do consciente e subconsciente psíquicos:

- Id, de acordo Freud em sua teoria psicanalítica da personalidade, é o componente da personalidade formado pela energia psíquica inconsciente que age para satisfazer os impulsos, necessidades e desejos básicos.[15] Portanto, ele atua no inconsciente humano por força dos impulsos e desejos. É o próprio instinto do ser humano que vai ser recepcionado pelo Ego e Superego como forma de filtro.

- O Ego é racional e controla os instintos. De acordo com Freud, se desenvolve a partir do Id e garante que os impulsos do Id possam ser expressos de uma maneira aceitável no mundo real.[16] O Ego carrega elementos conscientes. Parte importante do funcionamento do Ego é a satisfação dos desejos do próprio indivíduo, levando em consideração a satisfação das necessidades do Id, sem exceder o Superego no entendimento de seus valores morais.

- O Superego compreende a moral e os valores. Funciona de maneira primitiva e pune o indivíduo pelas ações e pensamentos. Outrossim, o superego mantém os padrões e ideias morais internalizados que adquirimos de nossos pais e da sociedade.[17] O Superego, assim como o Ego, também

---

[15] (CHERRY, 2019).
[16] (PULCU, 2014 apud CHERRY, 2019).
[17] (BOAG, 2014 apud CHERRY, 2019).

carrega elementos conscientes. Ele se comporta como aquilo que o indivíduo deveria ser na perspectiva do ideal. É o próprio elemento capaz de reprimir o Ego.

A psique do ser humano é o que representa sua atuação com o mundo através da mente. A mente humana funciona como elo entre o pensamento e a ação. É o pensamento um fator determinante sobre as escolhas, estando neste contexto a parte moral.

Escolher caminhos é o que o indivíduo faz no período compreendido como vida, em sua existência no corpo material. Entretanto, a vida espiritual é a parte não observada pelo ser humano sob a ótica da composição corpo, alma e espírito, quando o assunto em questão são as escolhas.

É fato compreender que as escolhas interferem no desenvolvimento do indivíduo, tanto no contexto da matéria quanto do espírito. Ao fazer escolhas erradas o espírito, que sob a ótica do Espiritismo é eterno, sofre consequências no caminho de sua evolução. Conhecer a existência do mundo material e espiritual faz toda diferença na escolha dos caminhos. É uma questão de entendimento da lei de causas e efeitos, compreendida por todos que acreditam na reencarnação, como luz à vida do espírito.

No contexto da liberdade individual, a existência ganha uma direção própria e cabe ao indivíduo determinar sua própria vontade. Tudo isso implica em construir valores e atrair destinos. As escolhas fazem parte deste arcabouço de definições a serem transformadas em realidade, dia a dia, o que caracteriza a sabedoria do ato. No processo do fazer é onde o ser humano coloca seus desejos, sonhos e vontades, construindo sua realidade. Neste caminho ou realidade haverá dor, mas também felicidade, tristeza e alegria, sonhos e realizações, projetos e processos condizentes com o que o indivíduo acredita. Essa é a vida e, por natureza, deve ser vivida de acordo com o propósito individual.

Qual modelo de decisão é o melhor? Não existe certo ou errado, existem escolhas boas e más. Quando a vontade prevalecer em detrimento do bom uso do livre-arbítrio, naturalmente haverá consequências.

Para tudo que se faz na vida há consequências. Com estas, há também possibilidades de crescimento. O aprender com a dor é uma retórica muito verdadeira. A dor que machuca é a mesma que cura. Portanto, nada está perdido em viver as escolhas. O tempo de amadurecimento é o que determina quando o ser humano está pronto para deixar sua vontade de lado e orientar-se à direção contrária às más escolhas. Entendendo este contexto como o caminho do prazer banal, do acúmulo material de riquezas, da satisfação pessoal por tudo que pode produzir ódio, inveja, intolerância, impaciência, arrogância e por aí; o lugar do mais ou menos, onde mora a incapacidade de sobreviver sem que o próprio indivíduo seja o foco de sua atenção e interesse.

E por falar em vontade, que tal falarmos de boa vontade? A vontade que orienta à direção do bem-fazer, do caminho do amor, da prática da caridade, do aconselhamento divino através da fé. Este tipo de vontade é o local de preferência dos indivíduos que olham para fora de si, o lugar do amor. Porque o amor é para o outro e para fora deve ser a atenção dispensada. Quem ama, ama a alguém. Não excetuando o amor-próprio, lugar de acolhimento de si, mas não em detrimento do outro.

Apenas o amor é o caminho ideal a seguir. A construção da base sólida capaz de vencer barreiras, retirar obstáculos, sucumbir medos e continuar caminhando na direção do bem. O bem, a luz que irradia do coração que ama, o mesmo coração que perdoa.

Concluindo este capítulo a respeito das escolhas, a melhor decisão é aquela tomada a partir do coração, sem deixar de avaliar as consequências e observar aspectos morais que levem em consideração virtudes no lugar de vícios. Nada que seja além do que a alma humana tenha como aparato do desenvolvimento do espírito. Isso significa tomar decisões que sejam baseadas no bom entendimento e coerência, na ética social, na harmonia do ambiente e, principalmente, na paz de espírito —a paz interior que se busca encontrar—.

3

COMPREENDER O OUTRO POR QUÊ?

AMAR É CONSEQUÊNCIA DE QUEM somos. O amor é um sentimento instintivo que pode ser aprendido e ensinado, mas é parte constante do ser humano. A partir do amor temos a compreensão do outro. O lugar onde deve evidenciar este entendimento é a natureza individual. Ou seja, a semente ao crescer sempre vai gerar frutos de acordo com a plantação. Não se colhe milho, onde se plantou feijão. Partiremos do semeio para descrever a base do relacionamento humano, o eu com o outro.

Ao germinar surge uma nova luz de produção. O novo ser que no tempo exato do nascimento traz em sua natureza o que foi enraizado no ato da fecundação. Onde há de entender que para que a semente gere bons frutos após seu amadurecimento, o momento de colheita, é importante cuidar da base. A terra e os nutrientes, a semente e a irrigação, a colheita e a produção estão intimamente ligados com o florescer da plantação.

Todos os ingredientes necessários ao bom produto são dependentes da base da produção. Se o produto gerado for pautado em uma plantação orgânica, naturalmente esta produção é saudável e requer um cuidado especial durante o tempo de incubação. Da mesma forma que produções em larga escala, com uso de processos industrializados, dependem da base de produção para a geração destes. Ambos os processos da mesma natureza, porém de características diferentes sob a perspectiva da produção, irão gerar o mesmo produto com diferentes resultados em termos de qualidade de nutrientes.

Ainda que a base seja a mesma, o que determina o resultado é o processo. Isso serve para caracterizar uma família que dentro de sua prole há diferentes indivíduos com a mesma base, muitas vezes o mesmo processo de criação, mas o resultado é individual, gerando pessoas diferentes. O contexto dessa análise pode recorrer ao seio de criação, às tendências genéticas e herança familiar e ao ambiente ao qual o indivíduo encontra inserido. Isso caracteriza irmãos tão diferentes com a mesma base familiar.

A principal questão que gostaríamos de apresentar refere-se ao caráter individual, à personalidade do ser humano, aquela que determina quem é quem. Isso não depende exclusivamente da criação deste, mas de um conjunto de fatores que contribuem com sua formação, adaptação e interferência no meio social. Sua percepção de mundo é o que pode influenciar sua orientação de personalidade, seus gostos, suas escolhas, o que determina o processo pelo qual este indivíduo constitui sua vida. Isso é algo relevante e de uma complexidade, tendo como base que todo indivíduo é único e sua natureza individual é potência viva capaz de construir ou destruir, amar ou odiar, escolher ou ser escolhido, falar ou ouvir, querer ou desistir...

A partir da análise de cada indivíduo, podemos considerar sua característica principal baseada no amor, na possibilidade de amar, no desejo de compreender o outro, local onde o amor está presente. O amor como causa é fundamental para o acolhimento e o amor como consequência é essencial para o pertencimento. Um não caminha sem o outro, o indivíduo que ama também é amado. Mas não vice-versa. Nem sempre quem é amado possui a capacidade natural de amar.

O amor ao próximo é algo independente da vontade, este surge como característica natural e está vinculado ao lado de acolhimento que alguns indivíduos têm a mais que outros.

Por que compreender o amor a partir do amor ao próximo? Partindo do princípio universal baseado nas palavras de Jesus, conforme já citado no capítulo 1, "Amarás o teu próximo como a ti mesmo" (Mt 22:39), começamos a compreender o amor de uns para com os outros. Isso é a base para o convívio entre os seres. Não há harmonia sem amor ao próximo. O lugar do amor é onde está o outro. Este sentimento é como uma regra para quem deseja se tornar melhor dia após dia. O amor como combustível que alimenta corpos é a fonte para um caminhar para a evolução.

Se podemos compreender o amor como alimento da alma e do corpo, devemos basear nossa experiência humana em torno do amor. Nada há de aborrecer o indivíduo que sabe amar. Isso porque o amor se torna a fonte segura de todos os enredos. Sem amor não há paz, muito menos equilíbrio. Afinal, todo contexto que envolve o ser humano depende da capacidade de amar e ser amado.

Quando o amor se torna algo constante, na maioria das vezes, há reflexão sobre os males que a humanidade atravessa. E há lutas e batalhas vencidas sem armas, apenas através do diálogo e da capacidade de compreensão das faltas e erros alheios. Isso não significa cruzar os braços e fechar os olhos para as atrocidades, violências, injustiças e tantos erros que os seres humanos comentem uns contra os outros. Muito pelo contrário, há resistência e posicionamento em busca da justiça quando somos tocados pelo amor. Não falamos sobre o julgamento dos homens, mas a justiça, a lei, a verdade que a sociedade busca encontrar através da razão que envolve as duas partes, ou as partes distintas.

Na verdade, o amor é a procura e ao mesmo tempo o encontro, o alimento entre a fome e a saciedade, a força entre o medo e a coragem, a esperança entre o hoje e o amanhã. Poético e sábio é o amor. Inúmeros escritores, filósofos, poetas, músicos, artistas de diferentes áreas cantaram e contaram a respeito do amor. O amor é elemento e poesia, fogo e paixão, letra e canção, luz e imensidão.

Todos os indivíduos que reconhecem a necessidade do amor para uma vida equilibrada são pessoas mais felizes. Não tomamos como princípio a felicidade passageira, mas a felicidade do saber esperar, reconhecer as conquistas, valorizar cada pedaço de papel preenchido pela história de uma vida bem vivida.

Quando o amor se torna alvo de busca durante o processo de valorização de si, há o encontro com energias salutares, o lado bom da vida, ou seja, o lado onde colocamos nossas esperanças e reconhecemos nossos valores humanos. Enfim, amar ao próximo é algo que só é capaz de compreender quem consegue amar a si próprio. O amor se conecta entre um e o outro, mas antes ele se conectou com o eu individual pelo amor-próprio.

A sede da sabedoria humana é o coração. Neste espaço representativo do amor é onde sonhos se produzem, amores se criam, lágrimas se curam. É o coração o centro do ser humano, o cerne da emoção que a mente reconhece e identifica como fonte segura do ser. A mente e o coração andam lado a lado. É o ajuste necessário entre a razão e a emoção.

Aplicar o conceito da sabedoria na prática é necessário quando o processo de entendimento sobre o outro encontra-se dentro do indivíduo. A sabedoria, de acordo com os filósofos, está presente na arte de dialogar. O sábio sabe questionar. Sócrates partia da reflexão pessoal e meditação como fontes de sabedoria. Segundo Sócrates, "Conhece-te a ti mesmo e conhecerás o universo." Em Eclesiastes, a observação da vida sob o sol serve como elemento do pensamento, onde é inevitável concluir que tudo é vaidade das vaidades, podendo compreender que a sabedoria é o contraponto da tolice. "Porque a sabedoria serve de defesa, como de defesa serve o dinheiro; mas a excelência do conhecimento é que a sabedoria dá vida ao seu possuidor" (Ec 7:12).

Para conhecer o outro sem deixar que o egoísmo e a vaidade tomem espaço é essencial o olhar de admiração e reconhecimento, em detrimento do julgamento ou sentimento de pena. Essa questão deve ser levada em consideração quando a compreensão sobre o outro se torna determinante ao aprimoramento humano.

Em outras palavras, parece fácil sentir pena de quem encontra-se à beira da estrada, sem caminho ou direção, como forma de demonstrar piedade ao indivíduo coitadinho sob a percepção de quem julga ser superior. Isso é diferente de acolher e incluir, reconhecer a necessidade de colaborar e oferecer também uma oportunidade a quem necessita de ajuda.

Outrossim, sentir orgulho e admiração por aquela pessoa que é vencedora, que conquistou um espaço representativo na sociedade, que colabora com o coletivo, que se destaca de forma geral é mais difícil, porque o julgamento alheio sucumbe valores que o ser humano precisa reconhecer. A luz que emana desse ser humano é a luz que deve ser reconhecida, aceita e compartilhada. Esse tipo de consciência só é capaz de ter quem também possui luz própria.

O que queremos dizer a respeito do olhar sobre o outro é que a compreensão está além da posição socioeconômica, religião, etnia, raça, gênero e identidade sexual. Compreender é aceitar o outro da forma como ele é.

Não cabe a ninguém julgar o outro e muito menos menosprezar seu caráter ou condição social, moral, econômica, sexual, porque o lugar da compreensão é o lugar do acolhimento, em que há o entendimento sobre as necessidades e reconhecimento sobre os ganhos.

Atualmente há uma obrigatoriedade quase que moral de escolher um lado para seguir. Isso diz respeito à política, credo, padrão de comportamento e opinião. Não há nenhum mal em ser diferente, aliás, é a partir da diferença que todos crescem. Entretanto, a omissão e/ou a ação pautadas no desrespeito para com o outro são extremamente ruins e carregadas de ódio e rancor, muitas vezes de violência e opressão. Esse tipo de comportamento nada tem a ver com a compreensão sobre o outro e é humanamente inaceitável.

É notório a necessidade do empoderamento feminino na luta contra o machismo; da mesma forma que as pessoas LGBTQIA+ têm seus direitos, e isso comunga com a relação de gênero, identidade e identificação com seu próprio corpo, onde a liberdade sexual, a identidade de gênero e escolha são direitos urgentes a serem respeitados; pessoas pretas, meninos e meninas, mulheres e homens que ainda sofrem as consequências do racismo estrutural devem ter voz e representatividade no seio da sociedade, no lugar que escolherem e da forma como quiserem.

É urgente a ruptura necessária do modelo escravocrata e elitista que tem sufocado e aviltado a sociedade desde o período da escravidão até os dias atuais; a liberdade de credo, raça, religião e orientação sexual são questões alarmantes que devem ser encaradas com seriedade e respeito às diferenças. Há um clamor necessário que cada um de nós deve ecoar a respeito de toda forma de preconceito e injustiça humana e social.

Compreender é muito mais que entender. É, sobretudo, respeitar, aceitar, reconhecer, valorizar, colaborar, amar. Quando todos estiverem prontos para uma nova forma de viver em prol da liberdade e respeito mútuo, haverá obrigatoriamente uma mudança de mentalidade, onde o egoísmo e a arrogância darão espaço à compreensão e ao amor fraternal. Só a partir deste entendimento amplo é que seremos capazes de construir e usufruir uma sociedade melhor, humanamente e socialmente enquadrada no viés dos ensinamentos de Deus, onde o amor prevalece sobre todas as coisas.

Enquanto não compreendermos a necessidade da mudança de atitude continuaremos com estradas sombrias, luzes ofuscadas, vozes sufocadas, corpos maltratados, corações dilacerados, felicidades distantes, sonhos apagados, verdades veladas e todo tipo de desequilíbrio que corrompe a alma e o corpo sedentos por justiça, amor e liberdade.

4

O ESPELHO DA VIDA: REFLEXÕES SOBRE A PSICOLOGIA DO "EU"

MUITOS DE NÓS ACREDITAM QUE O poder é a chave para o sucesso. Sendo uma ferramenta instigante e perseguida por grande parte dos indivíduos, que encontra nesta forma de pensar o poder como algo meramente material ou egocentricamente superior. Aquilo que coloca o indivíduo acima, além, adiante, o mais, o maior, o melhor, quem possui, entre outras palavras, aquele ou aquela quem manda. Como diz o ditado: "manda quem pode e obedece quem tem juízo." Isso é uma espécie de poder instituído e aceito por quem se acha superior ou capaz de subjugar o outro. Este é o erro dos poderosos!

Independente da causa a defender, o "eu" é o espelho que irá refletir na sociedade. Porque o "eu" é a base que prevalece como luta e conquista, entendido como a direção a percorrer individualmente. Nesta perspectiva, o "eu" é o exemplo ou decepção, o desejo ou abnegação, o fazer ou a procrastinação, o sonho ou realização, a evolução ou a estagnação.

Devemos entender que o "eu" é a individualidade. Neste olhar individual é como cada um se enxerga e é enxergado. A ótica do olhar é uma boa experiência na questão reflexiva sobre o "eu", não do ponto de vista do julgamento, mas da observação experimental como ponto de partida.

O "eu" é o sujeito que vive em sociedade. A sociedade é composta por bens e consumos, ideias e valores, trabalho e força de produção, mercado e moeda, compra e venda, o indivíduo e a coletividade. Dentro dessa avaliação temos algumas diferenças e divergências que foram criadas, estabelecidas e aceitas pela maioria, se tornando uma espécie de padrão. O padrão é aquilo que se enquadra como modelo a ser seguido, referência para uma maioria, e não necessariamente a maioria. Chegamos aqui às diferenças aceitas e segregadoras daquela sociedade inicial que, do ponto de vista moral, parece ser equilibrada mesmo nas comparações.

Vamos aqui compreender o "eu" como um composto de mente (emocional e racional, psique e pensamento), corpo (necessidade, desejo e adaptação social) e alma (evolução e aprimoramento espiritual a partir da experiência física) que vive em sociedade, partindo de um seio familiar e trazendo heranças genéticas e familiares. Esse complexo mundo do "eu" é o mundo individual, que forma o coletivo nas associações e formações que a sociedade produz enquanto grupos de indivíduos, por meio de relacionamentos pessoais, familiares, profissionais e sociais.

Partindo do individual para o complexo, iniciaremos a avaliação do "eu" como um espelho para o todo, onde o modelo de sociedade vigente possui desafios a perseguir e obstáculos a superar. A sociedade não é perfeita porque o projeto inicial que originou o "eu" falhou em algum momento, quer seja na história, na política, na formação familiar, na compreensão de valores ou no julgamento alheio.

Para entender o "eu" que a sociedade formou e foi formada, superficialmente passearemos abaixo pelo tempo sem a preocupação de relatar a história. Esta pode ser estudada com bastante propriedade nos livros que retratam a humanidade em períodos distintos:

- Pré-História - sem contagem de tempo inicial tendo o término datado em 4000 a.C.

- Idade Antiga - inicia em 4000 a.C. até 476 d.C.

- Idade Média - período compreendido entre 476 d.C. e 1453.

- Idade Moderna - compreende os anos entre 1453 até 1789.

- Idade Contemporânea - inicia no ano de 1789 até os dias atuais.

Se usarmos como padrão a sociedade primitiva veremos alguns avanços significativos na comparação entre o "eu" e o coletivo. Neste período houve adaptação ao ambiente natural e necessidade de sobrevivência que fizeram com que grupos de indivíduos se associassem em pequenas tribos. Esses homens e mulheres primitivos aprenderam a relacionar com a natureza e a obter sustento dela. Houve uma espécie de interação e adaptação em uma sociedade que não tinha um modelo a seguir, tendo que construir sua realidade a partir das descobertas cotidianas e do enfrentamento dos medos, como forma de superação dos obstáculos naquele contexto primitivo.

Relatos históricos do período da pré-história apontam para o surgimento dos primeiros hominídeos até o aparecimento do homo sapiens sapiens.

Neste contexto, a caça, a pesca, a produção dos alimentos e a força do trabalho baseavam-se na subsistência, sem excedente. O trabalho era desenvolvido de maneira coletiva e o conhecimento era passado de pai para filho. Não existia um sistema privado ou público de produção.

A Idade Antiga foi um importante acontecimento para a evolução da humanidade com o aparecimento da escrita, possibilitando um progresso na constituição e desenvolvimento do intelecto da antiguidade. Neste período, povos e civilizações avançam para a formação de sociedades um pouco mais organizadas em termo de força de trabalho e constituição.

A idade Média ocorreu no período considerado meio entre o Renascimento e as Civilizações Clássicas, tendo a Europa Ocidental como um marco de sociedade em desenvolvimento naquele período.

O período feudal na Europa, após o término do Império Romano do Ocidente, marcara essa época. Relações foram instituídas e o "eu" individual foi sendo constituído em uma relação de poder contemplada entre o suserano e o vassalo. Marcava ainda este período a força e o poder da Igreja Católica sobre a sociedade, impondo a manutenção dos reis em um sistema de poder absoluto, que a história relata muito bem através das Cruzadas.

Na idade Moderna, período que considera a passagem do feudalismo para o capitalismo, o poder da Igreja deixa de ser o foco central através de questionamentos e críticas do padrão anterior, significando que o indivíduo racional não aceita mais a fé cega.

Há muito desenvolvimento, principalmente, no âmbito comercial a partir das grandes navegações. O Iluminismo ganha espaço enquanto mentalidade científica e racional no Ocidente, dotando um modelo de sociedade questionadora, tendo a arte e a ciência como influência na sociedade, entre outros aspectos relevantes para o desenvolvimento coletivo.

Idade Contemporânea, a época atual, teve como surgimento a partir da Revolução Francesa sob a ótica da igualdade dos homens perante a lei. Isso contribuiu com a forma como a sociedade estabeleceu uma relação entre o indivíduo e os direitos.

Neste contexto histórico o "eu" participou de cada detalhe, como agente transformador de um modelo inicial precário, nômade, para um desenvolvimento social coletivo ao longo do tempo. Não há uma forma única de relatar o avanço do planeta sem identificar a importância do indivíduo na construção por uma sociedade melhor. Em análise fria e rápida, vemos a força de trabalho ampliando junto com o crescimento das tribos, a migração do campo para as cidades e a formação das sociedades, o Estado atuando como agente regulador, o processo de industrialização, a ciência, enfim, estes e outros processos importantes têm colaborado com a evolução do ser humano.

Voltando ao contexto referente ao ser humano individual como prerrogativa do desenvolvimento coletivo, chegamos a análises que apontam para hemisférios distintos, demonstrando que ainda há muito a percorrer para que o mundo seja definitivamente um lugar melhor para viver.

Em cada momento apresentado anteriormente houve conflito e desentendimento, interesses individuais sobrepondo o coletivo, fúria e poder como armas contra a minoria. Isso é devido ao processo atrasado de evolução que o planeta se integra. Até que haja um entendimento em termos de mentalidade colaborando com o crescimento individual, como forma de refletir o "eu" evoluído em um contexto mais amplo, a humanidade sofrerá as consequências dos desajustes sociais, políticos e econômicos, através da desarmonia, guerra, doença, crise ambiental e outros males que assolam a natureza humana.

Como fazer com que o desenvolvimento seja alcançado em larga escala, onde o capital não cause desequilíbrio e disparidade social? Isso é algo muito difícil de responder no modelo de sociedade ao qual vivemos. Em outras palavras, podemos considerar que em um modelo de desenvolvimento econômico baseado em moeda de troca, sempre vão prevalecer os interesses globais em detrimento do individual. Isso significa que a parcela da população que se encaixa em uma minoria, embora em quantidade seja a maioria ou expresse uma grande parcela desta, vai sofrer as consequências da pobreza, discriminação, desemprego e outros padrões de comportamento desvantajosos. Este modelo sucumbe os valores sociais e humanitários em termos de igualdade de oportunidades e participação na escala real de desenvolvimento.

Ainda podemos eleger o "eu" que luta, que não se cala, que abstém os medos. Este pode ser considerado o "eu" fortalecedor do desempenho social, aquele "eu" que anula políticas excludentes, sobrevivendo por entre as injustiças que acometem a classe mais pobre, a classe a qual pertence. Esse "eu" é o "eu" que não coaduna com a corrupção, que defende os direitos iguais nas políticas públicas, atuando em favor da diversidade, igualdade e liberdade de gênero, raça, credo etc., onde a minoria se sente representada e acolhida em uma única voz ecoando por justiça e igualdade.

O que faz com que este "eu" seja diferente da maioria? A psicologia do "eu" individual que luta por um lugar ao sol não é a psicologia explicada por Freud neste contexto. A psicologia de Freud coloca este "eu" dentro de um modelo de comportamento, identificado pelo ideal do "eu", fruto do narcisismo do casal parental, isso significa, o "eu" formado a partir da alteridade. Segundo Freud (1974), "a criança concretizará os sonhos dourados que os pais jamais realizaram".[18]

De acordo com a relação entre o "eu" e as massas, Freud relaciona a psicologia individual e a social referindo-se ao livre trânsito, onde afirma que a figura do líder corresponde à substituição do ideal do "eu", sendo esse como modelo para o "eu" dos membros da massa. Em outras palavras, o ideal do "eu" possui característica de dupla face, tanto para o individual quanto para o social, tornando viável as derivações de um campo ao outro. Para Freud, esse modelo subverte a lógica que entende esses campos como categorias estanques e impermeáveis.[19]

Este "eu" não tem identificação com nada que seja perseverança e força de vontade. Atua em favor do outro e reconhece no outro uma força liderada para alcançar seus desejos.

O "eu" que discutimos e que se torna um espelho para a mudança coletiva no contexto deste capítulo não é o "eu" comandado pelo estigma das massas, mas o "eu" que pensa e questiona, produzindo sua própria realidade. É o

---

[18] (CANAVÊS, F., 2014).
[19] (CANAVÊS, F., 2014).

"eu" pulsante que direciona seus desejos por mudanças em um patamar acima. Não há desistência ou acomodação, há resistência e transformação!

O "eu" é, portanto, o espelho da sociedade. Desde o surgimento das civilizações o "eu" está em busca de um processo de evolução. Muitas vezes sucumbido por interesse coletivos, outras vezes sucumbindo por interesses individuais. A busca que pretende alcançar é o equilíbrio necessário ao encontro do "eu" com ele mesmo. O "eu" que ama, contribui, perdoa, aceita, questiona, muda a si para conseguir transformar o mundo ao seu redor.

A mudança interior é a transformação necessária que a sociedade clama. Cada um que pensa em si como força de atração com objetivo de melhorar o seu entorno, obviamente que busca primeiro uma mudança em seu "eu" individual. Isso é compreendido por este "eu" devido ao alcance que seu intelecto atingiu pelo autoconhecimento, o que o leva a considerar que apenas através de uma nova mentalidade é possível haver transformação.

Se desejamos um ambiente melhor de convivência, precisamos ser melhores para com os outros. Isso é um exercício contínuo. A busca por um entendimento individual é capaz de levar o "eu" interior ao próprio questionamento, aceitando as deficiências individuais como causas a processar mudanças. Não necessariamente estamos incitando a apagar o "eu" anterior a partir do autoconhecimento. Ao contrário disso, o "eu" que quer crescer e mudar vai aprender com suas limitações a superá-las, exercitando os canais internos que precisam ser ampliados em termos de vibração positiva pelo aprimoramento moral e espiritual.

O foco da mudança interior é o próprio intelecto, a mentalidade ampliada pela consciência. Isso porque a consciência é um todo complexo de energia e vibração, pensamento e intuição, que permanece eternamente na existência do "eu". O "eu" consciente é o "eu" que atua em favor de sua potencialidade objetivando alcançar patamares de evolução, tendo como desafio vencer suas próprias incoerências. Sem deixar de compreender que a consciência é algo muito mais complexo e abrangente, leia-se aqui consciência como superioridade, algo para além da existência do corpo físico, que alimenta o ser humano em cada processo reencarnatório.

O poder do "eu" é algo extremamente simbólico e traz com ele a compreensão da essência da consciência. Esta, atua como parte integrante do movimento natural do ser humano através da sua personalidade. Assim, há um processo humano de descoberta dos caminhos que complementam a evolução, onde a individualidade é algo que o acompanhará por muitas existências. A consciência, neste entendimento, exerce uma função entre o "eu" e o cosmo, sendo eterna, atuante e progressiva, onde o processo conduzido pela personalidade do ser humano se vincula a sua evolução em cada jornada de vida, ao longo do tempo por entre encarnações.

Ser capaz de compreender a força da individualidade é o primeiro passo para que a consciência se estabeleça enquanto processo construtivo de si mesma. Um oceano de infinitas possibilidades, em que o volume de água se movimenta continuamente criando as ondas, as marés e as correntes marítimas. Neste complexo ambiente, influenciado pelas forças gravitacionais exercidas pelo Sol e a Lua, bem como pela ação dos ventos e pelo movimento de rotação da Terra, a força do Oceano se mostra na influência sobre o clima, gerando abrigo para a maior biodiversidade do planeta. Sua força se conecta com a vida de todos os seres vivos devido sua grande influência na sobrevivência das espécies, incluindo o ser humano.

Assim é a consciência, algo que parte da personalidade, o "eu" individual, até a conexão com a força cósmica, como constante do mundo da matéria, da mente e da consciência pura. E, por fim, o mundo da consciência pura fornece o substrato de todo o universo, sendo a base última do lado subjetivo.

Na compreensão que buscamos desenvolver a respeito do "eu", tendo a consciência um papel relevante, é fundamental revelar que não há limite para o nível de conhecimento que a mente é capaz de desdobrar. Quanto mais profunda for a busca, maior o grau que pode ser alcançado.

Na conclusão deste capítulo, chegamos a diferentes tipos de "eus". No contexto de compreender os caminhos que o ser humano atravessa, ora como indivíduo, ora como coletivo de um grupo ao qual se enquadra, é notório identificar essas diferenças.

Iniciaremos pelo "eu" que se coloca em constante busca. No espelho deste "eu" reflete a empatia, a solidariedade, o respeito ao próximo, a luta por um ideal maior que não apenas seus desejos individuais. Um "eu" participante do universo ativo, o mesmo universo que se encontra em constante evolução.

Podemos identificar o "eu" que vê apenas em si o resultado do que pretende ser. O espelho deste tipo de "eu" reflete o narcisismo, a superioridade sobre os demais.

Há também o "eu" que se coloca como centro de todos os interesses. É o "eu" egocêntrico. Aquele que apenas suas decisões e interesses servem como base para o que acredita. É um tipo de "eu" protagonista, mas muitas vezes se torna vilão. Pode atrair um grupo de pessoas devido suas ideias, mas encontra-se no vácuo de sua individualidade.

O "eu" que quer ser o outro também é uma forma de expressão do "eu". Este tipo de "eu" não denota individualidade porque seu olhar é sempre para o outro. No espelho deste "eu" refletem o ciúme, a inveja e a amargura.

O "eu" que sabe esperar, que compreende, que lidera com facilidade pessoas que necessitam de auxílio é um tipo de "eu" que pondera e escuta, sem deixar de opinar fortemente sobre o que acredita. Neste, residem a paciência, a colaboração, a liderança e a boa-vontade.

Há diferentes tipos de pessoas dentro da perspectiva que o "eu" assume. É o "eu" a individualidade, a superioridade, o egocentrismo, o narcisismo, o egoísmo, o altruísmo, o companheirismo e por aí vai... Ou seja, o "eu" é uma infinidade e dentro de cada um residem valores e vícios. O que pode diferenciar entre cada tipo de "eu" é sua capacidade de evoluir, algo que todo ser humano possui.

A evolução é um processo da natureza individual de tudo que existe no universo. O ser humano possui isso como reflexo de sua trajetória, indo um pouco além ou adiante aquele indivíduo que reconhece essa necessidade porque compreendeu a vida como um estado da própria consciência, uma passagem através do ciclo reencarnatório, ora corpo, ora espírito. Há outras formas de compreender a necessidade de evolução vinculadas à crença religiosa, onde o ser humano deve ser bom para merecer o reino dos céus ou a eternidade. De uma forma ou de outra há algum tipo de entendimento sobre fazer o bem e ser melhor como um processo necessário à vida e sua existência.

O espelho que cada um de nós se enxerga é o que deve ser levado em consideração, não a opinião de terceiros, mas a nossa própria convicção de quem somos e o que gostaríamos de ser. Isso considerando o desenvolvimento humano como um caminho a ser trilhado diariamente, onde a aprendizagem esteja presente no "eu" que reflete nossa personalidade. Quando nos tornamos aprendizes somos capazes de crescer. Talvez seja esta a maneira como cada um de nós deve enxergar a si mesmo: eternos aprendizes na busca por melhores versões do "eu" a cada dia. O que não pode ficar esquecido ou apagado são os erros que cometemos e o quanto estes podem causar sofrimento a nós mesmos ou aos outros.

Na concepção da vida como processo evolutivo errar faz parte do aprendizado, aprender com os erros é uma forma de crescer individualmente. Agindo dessa maneira estaremos preparados para as dores que o crescimento traz. Crescer dói, porque todo processo de amadurecimento passa por fases distintas, onde ora somos flores desabrochando, ora somos raízes que necessitam de terra fértil e água como alimento, ora nossos espinhos irão ferir mãos, ora nossas mãos arrancarão as flores para enfeitar nossa casa, isso significa que ferimos e somos feridos em algum momento, bem como cuidamos e somos cuidados em outro.

O fato importante a ser considerado é a capacidade que o ser humano tem para evoluir, desenvolver virtudes e seguir o caminho do bem. Este é o "eu" em constante renovação e capaz de ampliar a consciência e se tornar melhor a cada novo amanhecer, refletindo em seu espelho da vida a bondade, a reciprocidade, o amor, porque no final, apenas o amor é a direção.

5

"ARREGAÇANDO AS MANGAS"

ENCOLHENDO O EGO

COMO ENCOLHER O EGO EM UM MUNDO onde as aparências falam mais que a essência? Isso é um problema que a humanidade atravessa e que se torna uma necessidade de romper com o ciclo vicioso que a modernidade impõe pelas redes sociais. O fato é que parecer ser tem sido algo muito valioso como uma espécie de modelo a seguir. Isso determina o quanto estamos adoecendo por trás da internet.

Compreendemos que a internet tem uma forte influência sobre a vida e o desenvolvimento das pessoas, da economia, da comunicação, do mercado global, dos negócios como uma rede ampla de apoio, investimento e relacionamento pessoal e profissional. É, portanto, uma ferramenta necessária ao desenvolvimento de todo contexto socioeconômico em tempo real a diferentes distâncias, sendo uma solução rápida para todo tipo de empreendimento, comércio, indústria, lazer, pesquisa, comunicação, marketing, entretenimento, formação e, também, desinformação.

Olhando as redes sociais como fonte de expansão de habilidades e conhecimentos, curiosamente revelando talentos, descobrindo caminhos e oportunidades para muitos que não conseguiriam alcançar espaços significativos sem o uso desse meio, chega-se à conclusão de seu papel inclusivo, determinante para a minoria como um espaço amplo de debate e informação, entre outros aspectos.

A internet é uma chave que abre portas e sem sombra de dúvida é uma boa maneira de conexão entre as pessoas. Sequer questionamos aqui o interesse da maioria delas em buscar através da internet um campo vasto de apoio às necessidades individuais.

Pode-se compreender que através da rede interconectada o indivíduo amplia seu conhecimento, de maneira formal ou informal, sendo um grande suporte ao crescimento pessoal e facilitando o acesso à aprendizagem. Como mecanismo de desenvolvimento é uma grande sacada usar a internet no auxílio do conhecimento. Isso é o que faz das pessoas que querem ampliar seus estudos acadêmicos e não possuem tempo para cursos presenciais, grandes adeptas deste sistema integrado e conectado. Sem esquecer que estudos online são mais baratos que os presenciais, não pela falta de qualidade, mas pelos recursos físicos, humanos e materiais disponíveis serem menores que um sistema presencial necessita para funcionar.

A oferta de conteúdo diversificado e amplamente acessível é uma outra característica que coloca a rede como sustentáculo de seu próprio sistema democrático. Ou seja, aqueles indivíduos que possuem capacidade técnica e operacional, bem como cognitiva e instrutiva, usam suas habilidades para explorarem cada vez mais um nicho forte que a internet possibilita que é a "tal" busca pelo conhecimento.

Nessa variedade de entretenimento, conteúdo, memes, informação e curiosidade a internet tornou-se o palco principal da vida. É uma ferramenta disponível nos quatro cantos do mundo, sendo democrática, informativa, globalizada, instrutiva quando utilizada para este fim. É ainda, mentirosa, criminosa, desinformativa, ilusória, irreal, perigosa quando utilizada para fins que não coadunam com a verdade, a informação ou a formação do conhecimento.

Nos contextos acima a internet pode ser uma boa ou má companheira dos seus usuários. E o perigo está justamente por trás da tela. Saber usar a internet pode contribuir com o desenvolvimento das pessoas ou até mesmo causar sérios danos pessoais, profissionais, materiais, patrimoniais e assim por diante.

O que determina o bom uso dessa ferramenta? A escolha a respeito das necessidades para ampliar conhecimento sobre algo, que sem o uso da internet seria mais difícil, muitas vezes inviável. Podemos qualificar esta escolha por bom-senso. O equilíbrio entre o certo e o errado. O que não é determinado pela ferramenta em seu livre acesso. Talvez o maior problema que direciona o indivíduo ao erro é não saber distinguir o que é verdadeiro ou falso por trás da informação exposta pela internet. As redes sociais são um grande exemplo disso.

Na perspectiva de ampliar o acesso e, consequentemente, o conhecimento é onde o indivíduo se perde. Algumas pessoas acreditam em tudo que veem. Isso facilita o desinteresse pela busca da verdade. Entender como funciona a mentalidade conectada é um problema sem solução. Quais caminhos seguir? Como se tornar influente e ganhar visibilidade? Qual padrão de comportamento adotar para facilitar o acesso e se tornar acessível a uma maior quantidade de pessoas? Enfim, perguntas sem respostas porque nem tudo que reluz é ouro!

O problema da interconexão é justamente a falta de limites claramente visíveis. O padrão não existe porque a escolha é democrática. Isso tem dois lados da moeda. Um deles é a variedade de possibilidades disponíveis a qualquer um, sendo algo positivo devido à acessibilidade. O outro é a exposição muitas vezes desnecessária de uma vida que, ao se tornar pública, perde o controle de sua essência, onde a verdade tem sempre mais de uma versão.

O impacto social que a internet produz é relativamente positivo, o que aumenta a procura acentuada durante e pós pandemia. Isso significa que se tornou necessário, quase que obrigatório o envolvimento pela internet de trabalhadores, pessoas em geral, que até aquele momento não tinham tempo ou interesse pelo ambiente virtual. Essa necessidade trouxe pós e contras.

A questão não é a internet como uma rede interconectada e acessível, mas o que está por trás dela: as pessoas! O contexto que apresentamos aqui é diferente da realidade. O real não se questiona, se vive! Mas o virtual se vive como se fosse o real. Em muitos casos, sem qualquer compromisso com a realidade, pessoas enganam e são enganadas diariamente.

O grande desafio em um mundo onde as aparências enganam é ser verdadeiro. Ou seja, encontrar um equilíbrio entre o real e o virtual sem perder os valores essenciais no convívio coletivo. A empatia, o amor ao próximo, a reciprocidade e a humildade são virtudes que colaboram com o "eu de pés no chão". Sem esquecer de levar em consideração a individualidade e a personalidade como fundamentais ao que é mais importante no contexto desse tema.

Encolher o ego não significa despir-se da personalidade, mas reconhecer no outro alguns valores que podem contribuir com a aprendizagem daquilo que apenas a personalidade individual não é capaz de adquirir. O que chamamos aqui de convivência, o relacionamento interpessoal onde pessoas ensinam pessoas e pessoas aprendem com pessoas. Um ciclo que envolve reciprocidade, valorização e reconhecimento do outro.

O conceito de relacionamento pode variar de acordo com os tipos segundo a literatura, mas de forma geral relacionar significa conviver. Manter um bom relacionamento é uma grande oportunidade de encolher o ego. Ao olharmos para o outro com empatia, deixamos de lado o egoísmo que muitas vezes nos afasta de uma boa convivência. Grande parte das pessoas que têm dificuldade de se relacionar pode ter como embasamento a própria criação, os traumas ou a personalidade. Isso depende de cada caso e não será discutido aqui.

Relacionar é o mesmo que compartilhar. No sentido de sucumbir o ego está o outro indivíduo. O olhar para o outro é uma boa forma de não olhar apenas para si. Quando o olhar afetivo se direciona ao outro, naturalmente houve um processo de relacionamento saudável. A relação não é apenas a única forma de olhar para o outro.

Existem diversas maneiras de perceber o outro e isso diz muito mais sobre quem tem esse tipo de olhar, que propriamente quem é alvo deste. Isso corresponde a como cada indivíduo se enxerga. É fato que, quando ocorrem julgamentos sobre o outro pode-se dizer que aquilo que foi percebido a respeito do outro é correspondente à visão que se tem sobre si. Isso quer dizer que se temos mais amor para doar que ódio, olhamos o outro com um olhar amoroso.

Olhar para o outro com afeto é um grande exercício de reconhecimento e, consequentemente, encolhimento do ego. Ao enxergar no outro virtudes, obviamente que o olhar foi de amor e não de crítica. Essa é a diferença que coloca as pessoas em posições opostas. Se o amor é predominante, os erros alheios não se revelam prioritariamente. Talvez a compaixão, a misericórdia, a solidariedade, mas não o ódio, o rancor, a mágoa ou a indiferença.

Quando o amor é utilizado como base de qualquer relacionamento humano é porque já foi compreendido que apenas o amor liberta as próprias fraquezas. Não deixando de reconhecer que somos falhos e imperfeitos, mas que estamos no processo de melhoria contínua e descoberta do eu mais afetivo e menos egocêntrico.

Ao concluir este capítulo, onde a questão fundamental é o ser humano, abre-se um espaço para reflexão acerca da mudança. Mudar dói, mas é necessário ao aprimoramento humano. Cada indivíduo deve reconhecer em si a necessidade da mudança e partir deste entendimento na busca por uma solução que seja a melhor. Sem receita pronta, apenas sugestões que podem servir como interesse individual no processo de retirar do comportamento o que não serve mais como valor agregado. Isso não impõe nenhum critério rígido a não ser a própria predisposição para mudar.

Na perspectiva da mudança é o ego o inimigo número um do ser humano. Conhecer-se é uma boa alternativa para quem deseja encolher o ego. Uma forma de iniciar a busca pela transformação é reconhecer quando atitudes de exibição ganham espaço significativo no lugar da essência, ou ainda, fazer no lugar de dizer o que faz, e, por fim, desenvolver a prática de ser ao invés de ter.

No final, a essência sempre vai surpreender a todos que buscam uma forma de viver em harmonia e plenitude para além do aspecto material, da página virtual, do comportamento e forma que aparentam. O ser é essencialmente libertador e quando nos damos conta de que a vida é um sopro, temos a consciência de expandir nosso conhecimento e viver feliz da maneira que somos, com o que temos e com quem compartilhamos dessa maravilhosa experiência chamada vida.

6

SE É PARA MUDAR,
POR QUE SEGUIR A MESMA DIREÇÃO?

MUDANÇAS SÃO SEMPRE DIFÍCEIS DE serem realizadas. Não apenas por deixar a zona de conforto para trás, mas por necessidade de enfrentar novos processos, como alternativas, até que o resultado que deseja alcançar reflita na realidade. Quando o mecanismo da mudança é o eu, naturalmente há muito trabalho a ser realizado. Mudar dói, desestabiliza, requer perseverança, paciência, constância e avaliação permanentes.

O desafio de mudar está no reconhecimento das necessidades da mudança. Não apenas no caminho a seguir, mas antes disso no autoconhecimento como base para escolha desse caminho. Se pensarmos que a mudança pode ser adquirida facilmente, basta querer, estamos inferindo a ela menos responsabilidade conosco e, naturalmente, com a mudança em si.

O eu individual é um eu que diz sobre quem cada um é. O reconhecimento dessa personalidade é dependente do olhar que o ser humano tem a respeito de si em relação ao mundo que o cerca. Isso requer cuidado e atenção redobrada na identificação sobre si, levando em consideração erros, vícios e comportamentos, quando o assunto é mudar.

O primeiro estigma a romper é a certeza sobre si. Durante o processo da mudança o indivíduo vai deparar com atitudes que não condizem com o que gostaria de ser. E está tudo certo! Não somos perfeitos e a necessidade de evoluir é uma escolha individual. Se escolhemos mudar, que seja para melhor.

Na tentativa de identificar quem realmente somos é onde as feridas aparecem, as dores aumentam, a frustração se torna uma realidade constante, como se tivessem tudo e todos contra o processo que a mudança requer. Tudo que ocorre em favor da não mudança depende do quanto compreende-se esta. O novo é aquilo que não tem base dentro do velho conhecimento e, no sentido de perseguir a mudança, este sentimento do desconhecido vai estar presente durante o processo.

Cada indivíduo deve perceber o que é necessário mudar. Ao conhecer esta necessidade, inicia-se uma longa jornada pelo novo. Não que não haja algo bom no eu interior e o quanto isso pode colaborar com a busca daquilo que deseja modificar. É muito além disso! É usar padrões conhecidos de forma distinta e construir novos modelos a partir disso. É, ainda, enfrentar desafios para alcançar perspectivas diferentes das previstas.

A mudança não é algo previsível. O caminho pode até ser, mas durante o processo haverá decisões fáceis e outras não tão simples assim. Renunciar ao conhecido modelo é algo permanente no período que compreende a mudança. O que torna o processo inseguro e imprevisível são escolhas e abdicações necessárias que fazem parte do que a mudança determina.

Não devemos encarar a mudança como algo simples. Mudar é difícil porque não existe uma única forma para alcançar o novo, isso porque o novo é desconhecido. O que não conhecemos não é predeterminado, sendo um exercício de propósito e determinação.

Se cada um compreendesse que mudar é algo natural não haveria tanto obstáculo na mudança. O novo é algo simples porque não é conhecido. Partindo desse pressuposto, por que temer o desconhecido? Quando a necessidade da mudança se torna algo aparente não há medo, porque o modelo preexistente não serve mais. O padrão está fora de moda ou não alinhado com a mentalidade que o indivíduo assumiu como ideal. A nova mentalidade é, portanto, a força que impulsiona o ato. Metaforicamente, se existe uma força de repulsão (valores retrógrados) e uma força de atração (novos ideais), a mudança se torna algo natural, onde o indivíduo deixa o ponto *A* em direção ao ponto *B* devido à força exercida sobre sua vontade. Chamamos essa força de determinação. Apenas a vontade atuando sobre o indivíduo sem uma força motriz é quase improvável mudar.

Aspectos referentes a mudança determinam o resultado. Entre algumas características podem ser observados a coragem, o conhecimento e a determinação.

A coragem é o primeiro passo em direção à mudança porque é a oposição ao medo que, ao ser derrotado pelo impulso da esperança no novo, torna o processo mais leve e equilibrado. Mudar sem qualquer tipo de medo é improvável, mas mudar com medo instaurado é impossível. Neste aspecto o medo deve ser controlado.

O conhecimento pode ser considerado como mecanismo necessário ao funcionamento da engrenagem no caso da mudança. Conhecer-se é o primeiro passo dessa engrenagem. Conhecer o processo é dependente do primeiro. E, por fim, conhecer os limites e as possibilidades encerram o ciclo do conhecimento no processo da mudança.

A determinação é o que podemos chamar de força de vontade. Ato em direção ao novo. Aquilo que alinha a coragem e o conhecimento como uma motivação para além da própria necessidade. Muda-se porque acredita no processo como algo transformador e regenerador. O novo surge como perspectiva de uma direção diferente da anterior, condizente com a mentalidade que subsidia o processo a construir. Não apenas pelo desejo de suplantar valores que não servem mais como padrão, mas, sobretudo, como forma de iniciar uma nova jornada na vida. Um novo "eu" necessita de uma nova oportunidade. Ambos caminham lado a lado. O eu e a mudança, o novo e o futuro.

É importante ressaltar que a mudança possui etapas. Algumas mudanças são grandes outras menores. Isso depende da necessidade individual. Independente da motivação para mudar é fato compreender que tanto a maior quanto a menor mudança causam estresse. O estresse surge como uma resposta ao questionamento do *statu quo*[20] que, ao ser quebrado, deixa uma sensação de incerteza.

---

[20] Statu quo deriva da frase latina: *statu quo res erant ante bellum*, e significa literalmente "no estado em que as coisas estavam antes da guerra". Seu sentido atual refere a algo que não se altera ou que se mantém sempre da mesma forma [...] (STATU QUO, 2020).

Quando o indivíduo deixa sua zona de conforto em prol da mudança, este reconhece que a dúvida pode ser uma espécie de freio no processo a seguir. Ao deparar com a incerteza, muitas vezes o ser humano resiste e desiste de mudar. Portanto, não é fácil interromper uma certeza aparente. Neste imbróglio interior entre mudar ou não mudar é importante persistir.

Ao reorganizar o pensamento sob o aspecto da mudança como necessidade real o ser humano cede. Neste processo, há um fluxo natural empurrando para o caminho da mudança que vai possibilitar uma sensação de segurança sobre o que deseja alcançar. A perspectiva do novo aparece de maneira mais forte como estratégia do processo da mudança.

A mudança agora requer uma aceitação. Aceitar a mudança é o caminho natural de quem reconheceu sua necessidade, aceitou os desafios e superou os medos. Mudar significa esperar no futuro. A esperança complementa o aspecto seguro da mudança onde há mais vontade do que incerteza, mais determinação do que medo, mais atitude do que procrastinação. Agora o ser humano está apto a mudar seja em qual direção for.

Por que seguir a mesma direção? Isso é o que muitos questionam quando buscam a mudança. A resposta óbvia é que é fácil questionar a mudança quando você está fora dela. Afinal, mudar requer disciplina e nova orientação a respeito do caminho a seguir. Isso quer dizer que, quando desejamos mudar é obrigatoriamente necessário seguir por caminhos diferentes dos já conhecidos. Por exemplo: quando a questão é mudar de emprego, a maneira de obter oportunidades é procurar por novos desafios. Ou seja, se o emprego atual não oferece vontade de continuar é devido a não mais corresponder às expectativas ulteriores; quer sejam referentes às necessidades pessoais (salários e benefícios), às competências profissionais (objetivos e metas) ou aos relacionamentos interpessoais (ética e moral). O fato é que a mudança bateu à porta e é hora de decidir o que fazer!

A mesma condição se faz necessária quando o aspecto da mudança diz respeito ao comportamento pessoal. Toda mudança requer um olhar para fora a partir do autoconhecimento.

Aqui chegamos no ponto crucial da mudança: o eu! Afinal de contas quem sabe o que quer, o que é e aonde quer chegar é capaz de mudar. O querer é um aspecto relevante neste contexto. Ou seja, o ser humano só pode decidir aonde ir após reconhecer suas necessidades e estas são a base do querer. Em uma maneira objetiva de pensar sobre o querer chegamos ao resultado sobre prioridades e futilidades. Neste local a mudança encontra assento. Outrossim, quando priorizamos nossas necessidades construímos processos interdependentes, onde um caminha após a conclusão do processo anterior. Isso é algo extremamente coerente quando a mudança significa deixar a roupa velha e resgada para trás e vestir uma nova. Essa nova roupagem no sentido figurado pode ser a coragem, a força de vontade, a determinação ou a persistência. Não importa qual roupa escolher, o importante é priorizar aquilo que vai possibilitar o encontro com o novo eu.

Ao decidir sobre a mudança através da prioridade sobre caminhos e perspectivas novas, o vislumbre do horizonte a alcançar é aonde o indivíduo idealiza sua nova configuração. Agora que este já sabe o que quer é a hora de iniciar a busca pelo novo eu, o que precisa surgir para adquirir novos trajetos.

O autoconhecimento é uma grande ferramenta para de construção do eu que cada um deseja alcançar. Chegamos no momento importante referente ao quem sou. Aqui o maior desafio é ser fiel aos valores e reconhecer os erros pessoais. Errar é humano!

Saber o que é quando o foco é o desenvolvimento pessoal é um grande desafio ao objetivo da mudança. Para alcançá-la com propriedade, isso quer dizer sem possibilidade de desistência, é crucial sair da zona de conforto, romper as barreiras do ego e se entregar à zona de interesse. A sensibilidade, a perseverança, a temperança, a harmonia e a paz interior presidem neste processo de busca.

A busca que declaramos aqui é a busca pela verdadeira transformação. Desse entendimento do novo eu encontram-se ferramentas para renovação individual. O processo é cíclico e dotado de altos e baixos. Em cada ciclo haverá questionamentos a serem respondidos, enquanto a superação dos pontos fracos se constitui através da constância no propósito.

O que em tese parece complicado é na verdade determinado por uma força maior, capaz de impulsionar o objetivo a ser alcançado na elaboração de caminhos sólidos na busca pela mudança. Nesta fase é onde o medo e a insegurança deixam de existir dando lugar à coragem e ao fortalecimento da fé. Na verdade, não a fé como instrumento de alguma religião, mas a fé no espírito, na força que o entendimento sobre a eternidade se estabelece quando busca o eu espiritual, o eu capaz de conduzir a si mesmo ao progresso, à evolução.

O desenvolvimento da espiritualidade faz parte dessa construção. O que parece mais uma vez determinado pelo autoconhecimento. Aliás, a chave para a transformação individual abre portas para a esperança, a fé e o amor, a tríade do desenvolvimento individual.

O caminho a seguir, agora sólido e coerente com o que busca alcançar enquanto indivíduo começa a desbravar novos horizontes. Aqui a etapa primordial é o futuro. O lugar aonde cada um de nós almeja chegar. Lá, quando a natureza humana for livre para amar, compreender e construir uma nova história com um final feliz. Não o fim do ciclo vital, mas o início do eu renovado!

7

ENCONTRANDO A PAZ DE ESPÍRITO: O CAMINHO PARA A FELICIDADE!

FELICIDADE É ALGO QUE SE ENCONTRA dentro de cada um. Todos os dias há uma nova oportunidade para encontrar a felicidade. Não falamos da felicidade dos contos de fadas, dos livros de história, da literatura romântica, mas da real felicidade, aquela que pode ser motivo de viver bem.

Viver para a felicidade é viver em paz. O caminho que leva à felicidade é um mero desejo. E todo desejo traz como amuleto a esperança. O desejo é uma vontade intrínseca. Independente dos problemas, a alegria está lá em algum lugar dentro do ser humano. Para encontrá-la é importante acessar o coração, fortalecer a esperança, acender a luz que surge após a escuridão dos dias ruins ou manter a luz irradiada do amor que constrói os dias bons.

Depende do entendimento de cada um, mas se a vida for vista com os olhos da alma, tranquilamente a paz de espírito será encontrada. Esse é o foco de nossa reflexão!

Problemas são a chave para a felicidade e ninguém pode negar essa afirmação. Quando o problema surge na vida do indivíduo é porque está na hora de desafiar as crenças limitantes que o impedem de sonhar. Isso é uma boa forma de compreender de que maneira o problema colabora com o encontro da felicidade. Parece algo sem sentido, entretanto, uma dificuldade qualquer desperta no coração a força obrigatória para superá-la. Vencer o desafio imposto por algum problema é buscar um caminho para liberá-lo.

A paz de espírito pode ser uma força de expressão conduzida pela tranquilidade dos dias bons. Notavelmente sentimos um alívio quando estamos vivendo em paz. Outrossim, a paz permanente não se encontra diariamente. Há dias bons, mas haverá dias ruins atravessando a momentânea paz de espírito. O que pode ser compreendido como um jogo de oportunidades e consequências. Quando tomamos decisões que favorecem o bom andamento da vida, temos mais dias de paz que de guerra (interna ou oriunda dos conflitos que nos cercam).

Para alguns a paz é algo fugaz, para outros um estado de espírito. A diferença está na forma como encaramos as conquistas ou os desafios.

Se olhamos para o problema com um peso além das circunstâncias que o favorecem, estamos carregando uma dor mais difícil de curar. Neste ponto de encontro a paz quando estabelecida é fugaz, porque trouxe um alívio paliativo à dor. Olhamos agora para o problema com pesar e arrependimento, desprezo ou culpa.

De outra forma, entendendo o problema como consequência de alguma ação ou omissão, temos uma visão seleta sobre as causas e como consequência aceitamos a dor. Esta se torna passageira e tem como resposta a paz como estado de espírito, porque é algo natural e parte do processo de ganhos e perdas que a vida proporciona.

Algo fugaz dura pouco tempo. Esta paz é passageira e sem flexibilidade. Algo flexível é resistente porque o que leva à quebra é justamente a rigidez. Ou seja, devemos encarar os problemas como constantes da vida, com isso liberamos mais determinação para combatê-los. Entre altos e baixos enquadramos nossas perspectivas, vencendo medos, superando obstáculos, curando dores e construindo vitórias. Uma mente flexível é uma mentalidade aberta na busca por resultados positivos.

A natureza de cada ser humano é diferente e essa diversidade é o que o torna único. Na concepção entre o eu e o outro está o relacionamento. Pessoas se relacionam com pessoas. Cruzamentos de diferentes personalidades contribuem para o crescimento individual. Se a diferença aparentemente se torna um meio de questionamento sobre pensamentos distintos, ainda há algum entendimento sobre o outro. Entretanto, se a divergência de opiniões não for algo pautado no respeito à individualidade, haverá mais embate que aprendizado.

Experiências negativas demonstram que opiniões extremas causam conflito, disputa e dor, levando muitas vezes à violência. Quando o conflito de ideais atinge esse patamar, obrigatoriamente, há mais perdas que ganhos. O ódio abre espaço para a intolerância, o conflito sucumbe o diálogo e a paz de espírito permanece adormecida, distante de ambos. Nenhum lado ganha com opressão ou omissão. O encontro sadio é aquele onde opiniões contrárias são respeitadas, sem que a verdade de um prevaleça sobre a verdade do outro. Aliás, a verdade entre fatos distintos objetivamente pauta na ética e na moral. Acima da moral não existe opinião verdadeira. Existe arrogância, intolerância e ignorância.

O que vemos diariamente pelas notícias dos jornais, Tvs e, precisamente, através das redes sociais é um quadro de intolerância que se agrava a cada opinião diferente. Por trás da comunicação da mensagem compartilhada na internet, há um grupo que estabelece uma verdade sobre sua crença, não a crença religiosa, mas aquela que se coloca acima do bem e do mal, dotada de ódio, oriunda de fontes sem credibilidade, distante de dados científicos, plantando como notícias fatos mentirosos e, muitas vezes, criminosos. Falsa informação é crime!

Desse processo que tem adoecido pessoas ou despertado mentes criminosas há resultados negativos por toda sociedade, entre estes, o pânico, a intolerância, o ódio, a mentira, um conjunto de maldade que tem colaborado com a propagação da falsa informação.

O jogo entre adversários deve ser pautado em valores éticos, metaforicamente, quando apresentamos opiniões distintas de um grupo isso não significa que há uma sobreposição de ideias e sim pontos de vista divergentes. Que mal há em divergir de uma opinião que não se encaixa em sua maneira de compreender algo? Problema algum! Opiniões distintas enriquecem a dialética. Contradições de ideias enriquecem um debate.

Na filosofia, o diálogo visa comprovar ideias na busca pela verdade. Sendo o diálogo a prática ocorrente entre duas pessoas, por trás deste processo encontra-se o discurso de ambos, em que a linguagem articulada busca se desenvolver em prol de uma certa lógica, de acordo com cada uma das partes envolvidas. No final, haverá algo a ser aprendido, aquilo que foi pautado em argumentos credíveis, justificando sua consistência. Todo discurso deve ter coerência, principalmente, basear-se em princípios que validem sua aplicabilidade ou sua explicação.

Na vida cotidiana, longe dos contextos filosóficos, dos dados científicos, das crenças religiosas, há um discurso comum que engloba a vida de todos nós, o qual pode ser comparado à lei de causa e efeito. Há um ditado popular que diz assim: "aqui se faz, aqui se paga". Não necessariamente a cobrança é feita entre as partes envolvidas, mas pela própria vida através das consequências das ações individuais.

Existe um conteúdo subliminar que serve como padrão para a vida em sociedade e pode ser reconhecido como limite. Isso quer dizer que o direito de um termina onde começa o direito do outro. Essa limitação não necessariamente possui uma territorialidade física, uma barreira visual ou um documento legal, mas está ali implícita entre os indivíduos.

Ultrapassar o limite do outro significa desrespeitar seus direitos. Aí, chega-se ao parâmetro legal, dotado de circunstância e procedimento determinados por lei. Não é necessário estabelecer um protocolo formal para o uso do respeito. Respeitar é a base para qualquer tipo de relacionamento. Quando não há esse tipo de situação definida, haverá questionamento, quer seja em base legal ou pessoal. O importante é compreender que a vida é estabelecida livremente, sendo o uso do livre-arbítrio um atributo individual do ser humano que tem e terá consequências morais, legais ou espirituais. Ninguém está livre de pagar pelos erros cometidos: esta é a lei da vida!

Quando questionamos o uso do livre-arbítrio não designamos que este não seja utilizado corretamente. O que definimos aqui a respeito do seu uso é a forma como cada indivíduo estabelece suas escolhas. Isso é o mais importante contexto referente ao livre-arbítrio. Escolhas definem posicionamentos positivos ou negativos. Se a escolha for orientada por decisões que colaborem com o crescimento ou aprendizado individual, esta sempre será benéfica. Da mesma forma, quando a escolha é determinada por algum prejuízo a si ou a outrem, esta é provavelmente negativa. Na busca por um processo que leve o ser humano ao encontro com a paz de espírito, escolhas positivas são requeridas como pontos de apoio a este processo.

Entende-se que para estabelecer uma escolha é natural que esta faça parte daquilo que o ser humano acredita, que esteja dentro do padrão moral e ético ao qual segue, oportunamente, chega-se ao resultado que se busca: escolhas positivas levam ao caminho da felicidade, ao passo que escolhas negativas proporcionam o encontro com a dor.

Facilmente reconhecemos quando estamos seguindo por direções contrárias ao encontro da felicidade. Isso é sentido quando tudo ou quase tudo dá errado em nossa vida. Acredito que muitos já tiveram essa sensação de abandono ou perda. Inclusive, proferindo palavras de desânimo, pessimismo, tristeza, julgamento ou inveja, tais quais: "— Tudo dá errado na minha vida!"; "— Estou infeliz!"; " — Nada que tento, consigo!"; "— Fulano consegue tudo que quer, eu não!"; "— Não aguento mais viver assim!"; "— Fulano tem as coisas porque é desonesto!"; "— Se eu tivesse nascido em berço de ouro, como fulano, seria mais fácil!"; entre outras frases de efeito negativo.

O exemplo acima é um exercício de reflexão necessário ao aprimoramento humano, quer seja na parte emocional, psicológica ou espiritual. Proferir palavras de julgamento alheio, pensamento negativo, baixa autoestima atrapalham à busca pela felicidade. Como falamos anteriormente a respeito da felicidade enquanto paz de espírito, algo dotado de sentimento bom e constante do dia a dia, significa dizer que há dias bons, mas haverá dias ruins.

A felicidade encontra-se neste princípio: "ser feliz é um estado de espírito!" Quando acreditamos que a felicidade é aquilo que temos dentro de nós, uma espécie de sentimento bom que nos traz alívio quando superamos problemas ou alegria quando alcançamos metas e objetivos percorridos, deparamos com a tão sonhada paz de espírito.

Dentro do coração de cada um há motivos para sorrir e para chorar. O que diferencia o lutador do fracassado não é a quantidade de vitórias, mas a capacidade de levantar a cada tropeço ou queda. Afinal, todos temos problemas, porque a vida do ser humano é um misto de sentimentos, desejos, realizações e frustrações. E está tudo certo em chorar após uma perda ou se alegrar com uma vitória! Isso é humano e perfeitamente compreensível. O que não podemos é confundir perda com fracasso, ganho com superioridade. Alguns perdem e outros ganham. Aceitar o ganho é fundamental, mas saber perder é essencial ao ser humano.

No contexto que estabelece a paz de espírito vinculada à felicidade chegamos à compreensão de que quanto mais leve for a vida que escolhemos viver, mais fácil será alcançar momentos serenos, mesmo através das dificuldades ou das facilidades cotidianas.

Umas pessoas podem sentir facilmente felicidade e isso não significa que estas são melhores que as outras. Isso porque já ficou entendido aqui que a felicidade é um estado, por ser um estado é passageira. Jamais pense que sendo a felicidade momentânea o ser humano não é capaz de se sentir plenamente feliz.

A plenitude encontra-se no gozo da própria vida. Olhar ao redor e perceber a natureza é um dos maravilhosos encontros com a paz de espírito. Ser feliz é sorrir exageradamente ou timidamente, celebrar o amor com alegria ou reconhecimento, conquistar objetivos com perseverança ou propósito, vencer os desafios com medo ou coragem, caminhar sozinho(a) ou acompanhado(a). Afinal, a felicidade encontra-se dentro de nós, adormecida por um estado que nos traz satisfação, alívio ou gratidão.

A mensagem que deixamos com a escrita deste capítulo é que a felicidade pode ser exercida e sentida, procurada ou aceita, fácil ou dificilmente encontrada, tudo vai depender de como nos colocamos frente aos objetivos propostos e aos desafios que a vida é capaz de oferecer.

Sonhe alto, mas com os pés no chão. Busque, mas mantenha sua essência. Chore, mas não perca a fé. Lute, mas não desista. Ore, mas não desanime. Simplesmente seja feliz! A paz que encontra a felicidade é aquela que todos possuímos nos dias bons e nos dias ruins. Quando tudo se tornar difícil, redobre a fé. Quando a tristeza abalar o coração, reative a esperança. E siga feliz!

8

PARA TODOS OS DIAS: GRATIDÃO!

QUERO INICIAR ESTE CAPÍTULO refletindo sobre gratidão. O que a gratidão tem a ver com a bênção recebida? Como ter gratidão quando a vida está sendo difícil de ser vivida? Qualquer resposta que leve ao encontro com a gratidão deve estar pautada na plenitude da vida. Olhando a vida pelo prisma da eternidade espiritual, chegamos ao exercício da gratidão.

Ser grato é um ato contínuo e que só pode ser realizado individualmente. Ninguém pode ser grato pelo outro, a gratidão é individual, pessoal e intransferível. Por esta maneira de compreender a gratidão é que se faz necessário reconhecer quais caminhos percorrer para desenvolver atitudes de gratidão. Tais ações trazem como benefícios a paz, o amor e a felicidade. Compartilhar gratidão é uma excelente forma de contagiar a todos ao redor.

Não confunda gratidão com gratificação. Em contextos amplos em que a vida traz oportunidades, confundir gratidão com gratificação tem se tornado muito comum. Ser grato é ter atitudes de agradecimento, não importando quais circunstâncias fazem o ser humano agradecer. Estas podem ser pautadas em conquistas, livramentos, escolhas, merecimentos ou até mesmo em ocasiões negativas. Isso significa dizer que o indivíduo deve agradecer até mesmo pelos dias ruins.

Ao conferir à gratidão apenas agradecimento quando obteve ganhos, ainda que percorridos ou inesperados, não faz do ser humano um indivíduo grato por natureza. Isso deve ser um assunto de reflexão e aprimoramento individual.

Por exemplo, quais ferramentas colaboram com o exercício da gratidão? Podemos citar alguns gestos que traduzem o sentido da gratidão:

- Agradecer às pessoas que oferecerem algo material, emitiram gestos de favorecimento ou simplesmente deram um sorriso ou uma palavra afetiva.
- Sorrir em agradecimento quando alguém é gentil com você.
- Presentear com uma lembrança ou uma palavra gentil motivada por um ato que contribuiu com suas expectativas, como sinal de agradecimento.

- Responder com educação a uma cortesia, por exemplo, na fila do banco, do médico, do supermercado etc., demonstrando gratidão.

- Ao Meditar, sentir, reconhecer e agradecer pelas energias oriundas deste processo, no tocante à paz interior.

- Orar por uma causa qualquer, mesmo ao pedir, não deixar de agradecer a Deus por tudo que reconhece como divino em sua trajetória.

- Olhar à natureza com gratidão e amor.

- Deixar claro, com palavras de agradecimento, a importância das pessoas que fazem parte de sua rotina no ambiente familiar, social ou profissional. Por exemplo: pais, mães, amigos, amigas, companheiros, companheiras, filhos, filhas, pessoas que estão presentes diariamente ou que prestam algum favor momentâneo.

- Agradecer diariamente como reconhecimento pela superação das situações difíceis ou pela dádiva dos benefícios recebidos.

Enfim, a gratidão deve abranger toda forma de ajuda, colaboração ou recebimento. Não importa se o sentido da ajuda é material, física ou espiritual. Nesta perspectiva, a gratidão ganha muito espaço de atuação e deve ser desenvolvida por cada um de nós.

Ser grato é reconhecer, mesmo nas adversidades, tudo que ocorre na vida cotidiana como bênção ou lição. Aplicar a gratidão é como possibilitar o encontro com energias profundas e despreocupadas com o resultado desse ato.

A gratidão por si só é capaz de conduzir o ser humano à caminhos prósperos. Não apenas como resultado objetivo de um gesto de gratidão, mas de forma ampla, por meio de possibilidades de ajuda ao próximo. Pode ter certeza de que muitas vezes ao aceitarmos o desafio diário da gratidão, energias de luz surgem ao nosso redor abrindo caminhos, desatando nós, desqualificando injustiças recebidas, entre outras condições que edificam a vida para a prosperidade.

Não desejar ao outro aquilo que não gostaríamos de receber é algo importante no exercício da gratidão. Essa prática aproxima o ser humano de algo precioso chamado generosidade. Ser generoso é obrigatoriamente compartilhar, ceder, colaborar, doar, compreender, ou seja, é dispor-se para além de suas próprias amarras. Entra também nessa característica a necessidade de auxiliar para o bem.

O que significa auxiliar para o bem? Isso diz respeito às atitudes benevolentes, despretensiosas, genuínas. Quando o indivíduo percebe que ao olhar para o outro com gratidão sua vida se torna mais feliz, inicia um processo libertador de sua própria insegurança, deixando de lado atitudes egoístas em detrimento do amor ao próximo. O olhar afetivo é um olhar na direção do que é bom, significando o elo entre o coração de quem vê com o coração de quem é observado. Não existe troca melhor que um gesto de compreensão, seja por meio de um olhar apaziguador ou uma palavra de conforto. Estes fazem parte da rotina de quem escolheu a gratidão de todo dia no lugar do julgamento alheio.

Antes de julgar, reflita! Vamos agora questionar a nós mesmos a necessidade do julgamento alheio, compreendendo que esse gesto é capaz de desprender e atrair energias negativas.

De qual tribunal estamos participando quando julgamos o outro? Claramente podemos dizer que fazemos parte do grupo de pessoas que se incapacita na perspectiva de diminuir o outro para crescer. Outra característica peculiar dos juízes da vida alheia é a motivação insignificante para essa atitude, muitas vezes pautada no olhar pernicioso direcionado à vítima das palavras desnecessárias e maliciosas. Quem julga deve refletir sobre suas ações, tendo como base a necessidade de substituir pensamentos, gestos, sentimentos e atos negativos quando o propósito é evoluir enquanto ser espiritual.

Falamos sobre a necessidade de reconhecer a gratidão como algo natural, mas não estamos banalizando o gesto sem que este seja feito de coração e exalando verdade e reconhecimento. O ato de agradecer é um gesto significativo quando tem como alvo o bem coletivo. Não apenas o bem individual, mas pode ser conectado com a abrangência que a gratidão significa: gratidão gera amor. Sabe por quê? Porque o amor é um sentimento de dentro para fora. Quem ama, ama o outro. Sobretudo, quando o amor é algo compartilhado em um simples gesto, um olhar, um sorriso, uma palavra de agradecimento. O amor é o elo entre a gratidão e a bênção.

Como alinhar a gratidão com a bênção? Isso é possível quando há amor envolvido no processo de agradecimento. Um ato simples como a gratidão é muito mais profundo que se imagina. Por exemplo, ao agradecermos da boca para fora, muitas vezes deixamos de sentir a felicidade que o gesto emana.

A diferença entre a gratidão gratuita e a egoísta é fácil de reconhecer. Na gratuita há uma leveza no ato, muito mais pela necessidade de agradecer que receber de volta o reconhecimento pelo ato. Na egoísta há uma espécie de alívio quando há reconhecimento pelo ato praticado, ou seja, há um peso consciente que questiona uma resposta pelo gesto de gratidão. Isso significa que o outro deve reconhecer o ato, como por exemplo: "de nada", "não há de que", coisas desse tipo. Neste caso, o indivíduo se incomoda com a falta de reconhecimento do seu gesto de "humildade", "generosidade" ou porque não dizer "gratidão".

Gratidão gratuita é um gesto de reconhecimento e não precisa de respaldo alheio. O ser humano é grato porque a vida o ensinou a reconhecer e agradecer por qualquer que seja o motivo. Por isso que a gratidão deve ser algo a desenvolver diariamente, como uma lição a ser exercitada na rotina do indivíduo.

A pergunta que não quer calar: Como desenvolver a gratidão de todo dia? Isso é um processo que deve ser colocado como prioridade. Ao desenvolver aspectos relativos ao autoconhecimento, tais como: a maneira como nos comportamos, a forma como lidamos com o outro, a observância do ambiente ao nosso redor e outras questões referentes ao nosso comportamento diário, seremos capazes de perceber quais limites nos afastam da gratidão natural.

Isso é algo muito importante em termos de observação cultural a respeito do comportamento humano.

Para tratar sobre este assunto trago algumas experiências relevantes sobre como a gratidão se tornou uma necessidade natural, antes de se tornar uma realidade na minha rotina em um novo país. Essa percepção de que algo faltava em mim se deu logo nos primeiros meses morando nos Estados Unidos. Interessante ressaltar que sempre considerei a gratidão como algo muito necessário, e inclusive pensava que por me considerar uma pessoa empática, isso não era uma questão. Ledo engano!

Na minha rotina diária, já nos Estados Unidos, percebi que o diálogo entre as pessoas desse país fluía para uma trajetória disciplinada entre a gentiliza, a gratidão e a educação, muito como comportamento natural. Fui percebendo o movimento das pessoas, observando o fluxo de ida e vinda nos ambientes públicos e ouvindo constantemente as palavras: "com licença" (*excuse me*), "por favor" (*please*), "eu sinto muito" (*I'm sorry*), "obrigado" (*thank you*), "seja bem-vindo/ de nada" (*you're welcome*), "não é nada" (*it's nothing*), entre outras expressões.

Naquele momento a ficha foi caindo e eu me dando conta de que não era algo comum eu agradecer o tempo todo, pedir desculpas, solicitar licença, dar boas-vindas, como um discurso amplamente singelo e natural em ocasiões simples. Fui percebendo que ao passar pelo mesmo corredor do supermercado, mesmo sem incomodar o outro, eu ouvia sempre "com licença" (*excuse me*), e eu olhava e pensava: "essa pessoa não me incomodou em absolutamente nada, não me atrapalhou e nem passou na minha frente".

Enfim, essas sucessivas experiências de gentileza e gratidão me fizeram questionar meu comportamento social. Iniciei uma batalha interna para mudar gradativamente minha maneira de agir, sendo mais gentil que costumava ser, transmitindo palavras e gestos cúmplices da nova pessoa que estava ali aprendendo a conviver em uma cultura de novas referências comportamentais.

Passei a perceber que a gratidão é algo que se desenvolve, tal qual a gentileza. Ao sentir essa demanda, você precisa fazer um novo caminho interno, iniciando pela necessidade de cumprimentar, agradecer, se desculpar em todas as ocasiões em que há o encontro de pessoas. Isso tem me tornado mais sensível e atenta ao outro, meu olhar passou a buscar novos horizontes, onde a gratidão natural surgiu e me trouxe aqui para discutir neste livro a importância de mudar diariamente, quando se pensa em evoluir.

Partindo do princípio da gratidão como porta aberta ao recebimento de bênção, entendemos que há um novo contexto ao qual nos inserimos. Agora como um ser humano que se coloca em primeiro lugar como observador do outro, buscando um acolhimento e oferecendo um genuíno senso de gratidão.

Podemos ampliar essa discussão através do conceito da palavra gratidão: A etimologia da palavra gratidão deriva do latim "gratitudo, inis", com sentido de se sentir agradecido. Significa reconhecimento por um benefício recebido; agradecimento: dar provas de gratidão. Ter reconhecimento de um benefício ou demonstração de agradecimento a alguém por algo bom que essa pessoa tenha feito; obrigado. A palavra gratidão é sinônimo de: agradecimento, reconhecimento, obrigado, obrigada.[21]

A partir da compreensão da gratidão em seu significado semântico fica mais simples exercê-la. Entretanto, muitos têm dificuldade de demonstrar gratidão por receio de serem mal interpretados ou até mesmo demonstrarem fraqueza ou insegurança.

---

[21] (GRATIDÃO, 2020).

O ato da gratidão pode ser mal interpretado por aquelas pessoas que veem maldade em todo gesto de gentileza. Por exemplo: muitas vezes, ao agradecer por pequenos gestos recebidos, quem está de fora da situação e tem por necessidade julgar o outro pela sua própria maneira de enxergar, de acordo com sua verdade ou vaidade, costuma definir esse tipo de atitude com puxa-saquismo. Ou seja, aquela pessoa que gosta de chamar a atenção do outro, que bajula ou elogia na intenção de obter favores ou vantagens pessoais. Essa má interpretação é um erro e pode levar o indivíduo que é grato por natureza a se isolar, se sentir tímido ou acovardado pelos demais.

Ser grato é estar atento a todo gesto recebido pelo outro, sendo capaz de corresponder naturalmente com um agradecimento. Isso é uma qualidade excepcional e, por ser considerado algo simples, muitos deixam de perceber o outro devido olharem primeiro e exclusivamente para si.

A gratidão é um amplo portal que se abre para uma vida plena e feliz. Não de forma transitória, mas como um caminho simbólico que proporciona felicidade, riqueza pessoal, onde ganhos materiais não importam mais que os ganhos pessoais, como a gentileza, a boa vontade, o agradecimento, a paz de espírito. Estes sentimentos são reflexos do poder que a gratidão manifesta sobre o ser humano.

Quando a harmonia é contínua, há equilíbrio e boa vibração, não importando se existem problemas a serem superados, a única coisa que vale é agradecer à vida. No final do dia, para quem tem a gratidão como alvo a perseguir, dormir em paz é a única certeza.

Ser capaz de agradecer, sem se cobrar por essa atitude, mas sim deixar fluir naturalmente é um desafio que precisa ser vencido por todo ser humano. Sem qualquer intenção de parecer simples este ato, saiba que quanto mais grato o indivíduo for, mais abençoada será sua vida. Não que seja algo excepcional ser grato, mas por ser algo simples, muitos não reconhecem seu valor.

Exercite, a partir desta leitura, observar-se e ao reconhecer que está tendo menos atitude de gratidão que deveria, inicie sua jornada agradecendo à oportunidade de refletir sobre seus atos e identificar o que é necessário mudar. Este é um pequeno exemplo de como a gratidão evolui dia após dia dentro de nós, onde hoje somos mais gratos que ontem, amanhã mais gratos que hoje, e assim sucessivamente.

Acredito que a gratidão tem poder de mudar o que sentimos, bem como a forma como enxergamos o outro, ampliando o canal de gentileza e a boa vontade como virtudes eficazes na busca pela felicidade. A partir deste entendimento, olhar ao redor e valorizar a vida é, sobretudo, um gesto de gratidão. Muito obrigada!

9

A CONEXÃO COM O SAGRADO E A GRATIDÃO

NESTE CAPÍTULO VAMOS DISCORRER sobre a importância da conexão com o plano espiritual e a relação com a gratidão. Apesar da fé ser um instrumento norteador dessa conexão, muitas vezes faltam ser desenvolvidos elementos que comunguem com a fé, o Sagrado e a gratidão.

Quais são e como podem atuar os elementos mencionados acima? Podemos compreender que há inúmeras formas de canalizar a energia espiritual ao plano material e vice-versa. No contexto dessa explanação iremos nos ater a três importantes elementos, estes como causas relevantes da relação entre o indivíduo e a fé, não apenas a fé religiosa, mas aquela que é capaz de proporcionar a conexão entre o indivíduo e o plano espiritual, isto é, o universo extrafísico da matéria.

Citamos primeiramente a oração porque esta é uma representatividade do contato entre o ser humano e Deus. Pode também ser uma forma de demonstrar a fé em uma relação dialógica entre o espiritual e o material. Na metafísica espiritual a conexão está presente através da força e da energia magnéticas, no auxílio necessário à oração. Portanto, o campo vibracional que alimenta o ato de orar é o espiritual.

Além da oração, há a relação entre o ser humano, o ocultismo e a meditação. Neste contexto, a mentalização é canalizada para os chacras como centros reguladores de energia, mantendo o equilíbrio e a boa vibração na conexão com o universo, o plano astral e o espiritual.

E, por fim, mas com a mesma importância que as demais conexões, está a conexão através das religiões. Os dogmas e a ritualística religiosa são canais de extrema qualidade espiritual no encontro com a fé. Outrossim, o uso da religião como base do desenvolvimento espiritual preceitua a ligação do indivíduo com o Sagrado, o universo, a palavra, as energias da natureza, a força espiritual. Cada religião tem uma forma de cultuar seu Sagrado, sua fé e suas tradições, por meio de ideologias, filosofias e do próprio sacerdócio religioso ligando sua ritualística aos praticantes desta.

A gratidão, no contexto espiritual, é uma fonte auxiliadora da relação entre a fé prática do ser humano, onde forças e energias que transcendem o campo material se congratulam com o ambiente espiritual através da proteção. Quando o ser humano se sente protegido, ele agradece. Portanto, há um ato de agradecimento que vincula o indivíduo ao Sagrado, sendo a fé, a religião, a oração e a meditação, entre outras ações, instrumentos a este encontro.

Quando abordamos o Sagrado podemos expandir essa contextualização para além da matéria. Tudo que compreende o Sagrado faz parte do entendimento humano a partir da fé, aquela crença que, sendo religiosa ou não, propõe a essência espiritual como auxiliadora do desenvolvimento humano.

O que importa na conexão propriamente dita é a forma como cada indivíduo estabelece essa relação. Uns atuam diretamente no cerne da questão acerca da existência de Deus e, com muita intensidade, alimentam o lado material na crença na figura do Pai onipresente, onisciente e onipotente. A fé, nesta relação, é algo necessário e atuante, quer seja nos momentos bons, quer seja nos momentos difíceis. Isso porque o ser humano, que tem na imagem de Deus a soberania divina, reconhece essa força sobre as necessidades materiais, físicas, emocionais e espirituais.

A maneira como a conexão com o Sagrado pode atuar em dimensões metafísicas é o que faz o indivíduo buscar a evolução espiritual. Na percepção da natureza como ponto de energia, está o universo. O entendimento sobre a relação da espiritualidade através do universo é um importante canal que coaduna com essa conexão.

Algumas formas de desenvolver a relação entre o indivíduo e o universo passam pelo ocultismo. Neste complexo e misterioso envolvimento, os fenômenos sobrenaturais tomam lugar de assento. Sabemos que as ciências ocultas têm colaborado com a humanidade na compreensão acerca da relação vida X morte. Mas é crucial conhecer o ocultismo profundamente para atuar espiritualmente a partir dele. Em síntese, ocultismo[22] é um conhecimento que possibilita a compreensão de assuntos que não são explicados pela ciência tradicional.

No contexto dos fenômenos metafísicos, a ciência espírita possui um importante papel na relação entre o plano físico e o espiritual. Sabemos que o espiritismo já provou sua relação com a ciência, a filosofia

---

[22] Ocultismo é a ciência que trata dos fenômenos que parecem não ter explicação pelas leis naturais, como a levitação, a telepatia: as cartomantes praticam ocultismo quando leem a sorte porque buscam explicar coisas que as pessoas em geral não conseguem saber (OCULTISMO, 2020).

e a religião, as duas últimas, nos aspectos morais que a doutrina prega. Como ciência, o espiritismo comprova a existência do plano espiritual através dos estudos e pesquisas explanados na Codificação Espírita[23]. Kardec (1989) postula que o Espiritismo:

> "amplia, [...] o domínio da Ciência, e é nisto que ele próprio se torna uma ciência; como, porém, a descoberta dessa nova lei traz consequências morais, o código das consequências faz dele, ao mesmo tempo, uma doutrina filosófica" (KARDEC, 1989, p. 75 apud BARROS, 2021).

Compreender a relação do ser humano com o Sagrado é o que torna essa conexão isenta de questionamentos superficiais. Em outras palavras, o indivíduo tem o direito de aprofundar o conhecimento sobre quem ele é, desde sua origem até o encaminhamento do seu espírito ao plano espiritual, após o desencarne. O maior problema dessa contextualização está na aplicabilidade prática dos estudos acerca do entendimento sobre a natureza humana, incluindo o campo espiritual.

Por um lado, algumas religiões, de acordo com seus dogmas, muitas vezes não dialogam com o ser humano

---

[23] A Codificação Espírita é um conjunto de obras escritas por Allan Kardec na França no século XIX. A Codificação é composta por cinco livros, que foram escritos e publicados em um intervalo de onze anos, entre 1857 e 1868 (SBEBM, 2018).

sobre a questão espiritual. Por outro, existem aquelas que aproximam o ser humano de sua origem enquanto espírito, enriquecendo a ótica da relação humana e espiritual a respeito da reencarnação, quando amplamente compreendida por sua doutrina.

O que gostaríamos de enfatizar é que independente do teor que a religião dá ao espiritual, sobretudo, acerca da vida após a morte, não podemos negar que todas as religiões encaminham o ser humano ao exercício do bem e do amor, matérias fundamentais para a conexão com o Sagrado. Onde se leva a crer que o Sagrado pode ser compreendido neste parágrafo como Deus, Plano Superior, Forças da Natureza, Consciência Pura ou o próprio Universo.

Alinhar a conexão com o Sagrado é fundamental para o equilíbrio dos planos físico, mental e espiritual. O pensamento, como fonte de energia canalizada pelo ambiente, tanto físico quanto espiritual, além do consciente e subconsciente, atua de acordo com a individualidade e personalidade do ser humano. Isso significa, para estar em plena harmonia é necessário cuidar do pensamento, mar de energia sutil, corrente magnética capaz de dar e receber sintonia energética.

Tudo que engloba o ato do pensar corresponde ao indivíduo atuando na sua trajetória de vida, para o bem ou para o mal, dependendo do livre-arbítrio. É o pensamento a força motriz que impulsiona o ser humano a fazer aquilo que tem que ser feito. Quando este é direcionado ao desenvolvimento da espiritualidade, sendo a fé um caminho que conduz ao Sagrado, a gratidão pode ser naturalmente exercida.

Chegando à compreensão da gratidão como elo entre o ser humano e o Sagrado, chega-se ao alvo desta temática. Usar a gratidão como alvo é observar o culto junto ao Sagrado, onde o ser humano coloca suas necessidades e reconhece sua fraqueza frente às adversidades da vida. Ou seja, quando a dor acomete o coração do indivíduo por uma perda pessoal, injustiça material, perturbação espiritual, injúria ou doença instalada, obrigatoriamente há o encontro com energias espirituais na busca por afeto, acolhimento, cura, justiça, aceitação ou explicação. Neste momento, o Sagrado é clamado e escolhido para curar as feridas da alma. Isso é conexão pura, simples e verdadeira por força da fé naquilo que a natureza humana não foi capaz de resolver. Assim é o Sagrado!

O alívio espiritual é necessário quando causas morais, perdas materiais, injúrias ou danos de toda sorte colocam o ser humano em condição de impotência. Situações que não podem ser respondidas pela lei dos homens, nem curadas pela medicina tradicional, muito menos acolhidas pela sociedade levam o indivíduo ao encontro com a fé. Esta, organicamente, tem as ferramentas para o alívio, a cura e as respostas às necessidades que as possibilidades terrenas não foram capazes de resolver.

A conexão com o Sagrado possibilita o desenvolvimento de habilidades e talentos, sendo capaz de proporcionar o encontro com a fé. A palavra proferida, o pensamento positivo, a meditação direcionada, os ritos próprios da comunhão entre o indivíduo e a religião são energias geradas. Estes atuam em favor de um objetivo maior em uma espécie de êxtase espiritual, onde o alívio sustentado pela fé é capaz de gerar energias de bem-estar, satisfação, regozijo e equilíbrio.

Falando de bem-estar chegamos ao sentimento da gratidão embutido de energia, aquela que atua na expansão do plano material ao encontro com o plano espiritual pelo campo magnético, formado via pensamento. Como já entendido, o pensamento é um meio essencial na conexão com o Sagrado. Através deste, o ser humano canaliza energia em forma de onda magnética ou estado vibracional e, de acordo com a sintonia exercida, atua para o bem ou para o mal. Por isso a necessidade de controlar os pensamentos e, principalmente, de escolher pensamentos positivos no lugar dos demais.

A energia é o meio pelo qual o ser humano vai conduzir a conexão espiritual que deseja acessar. Pontos positivos de energia gerada servem para trazer equilíbrio e atuam em favor daquilo que o ser humano deseja realizar. Outrossim, a ação e o pensamento estão diretamente ligados, onde a primeira pode ser objeto de desejo a partir do segundo. Isso quer dizer que pensamentos produzem massa e, ao serem canalizados corretamente, podem colapsar e produzir resultados satisfatórios pelo próprio indivíduo.

Nada na natureza está estático, tudo está em movimento, se transformando, mudando continuamente. Também o pensamento, como campo energético, está em constante vibração e, dependendo da amplitude, pode colaborar com o plano espiritual em favor do bem e vice-versa. Ao entender essa conexão, o ser humano é capaz de produzir mais ações positivas no dia a dia, em virtude do controle exercido no ato do pensar.

Na conclusão sobre a temática que envolve o Sagrado e as energias em torno da gratidão, cabe ao indivíduo reconhecer a necessidade de agradecer. No contexto da relação entre a fé e a gratidão, esta naturalmente é algo subliminar, tendo em vista que onde há fé há reconhecimento e, onde há reconhecimento, há agradecimento.

A gratidão não é meramente um ato alusivo apenas aos benefícios recebidos, isso porque há um vínculo entre o processo e o resultado. Ao reconhecer a fé como alimento do corpo físico, ligando o material e o espiritual, o ser humano desenvolve naturalmente uma relação com o Sagrado. Nesta conexão tudo tem valor, tanto os ganhos, quanto as dificuldades, afinal, a fé está presente também pela necessidade de respostas espirituais às causas materiais. Ganhando ou perdendo, o indivíduo agradece porque entende que tudo que ocorre tem um tempo certo, um resultado determinado, não valendo apenas a sua vontade, mas a vontade de Deus sobre todas as coisas. No final, houve aprendizado porque as bênçãos se justificam pelas causas, onde a gratidão compreende a seguinte relação: se não é bênção, é lição!

10

DIGA A SI:

"SOU GRATO(A), SOU ABENÇOADO(A)"

SOU GRATO(A), SOU ABENÇOADO(A) É O lema deste capítulo. A gratidão não é algo distante do ser humano como sentimento de pertencimento. Dizer a si em alto e bom tom como se sente grato deve ser uma prática diária.

Se sentir abençoado é saber reconhecer a oportunidade de viver. Agradecer pela vida é muito mais que uma necessidade, é uma obrigatoriedade do indivíduo.

Por que trazer a oratória gratidão para o âmbito pessoal? Iniciaremos com o entendimento simbólico de que a vida é um "presente" divino. Ao reconhecer a vida como uma oportunidade dada por Deus, o criador do universo, há nesta compreensão a relação entre *gratidão & bênção*.

Fazendo uma analogia à vida, conforme vamos crescendo, ao reconhecermos o amor dos nossos pais por nós, naturalmente, estamos exercitando a relação *gratidão*

& bênção. Isso é simples de perceber, afinal, são os pais os elos entre os filhos e a vida. Neste prisma, a origem da gratidão se dá através do amor dos filhos/filhas pelos pais (mãe/pai) pela oportunidade da vida, que neste contexto, é a bênção recebida.

Para compreender a relação entre *gratidão & bênção* com o amor, discorreremos a seguir as formas de linguagem que esse sentimento possui, à luz da psicologia. De acordo com Gary Chapman[24], existem cinco linguagens que representam o amor, são elas:

1- Palavras de afirmação - neste conceito do amor afirmativo através das palavras está o sentimento reafirmado verbalmente. Neste modelo, o amor é demonstrado e provado com atitudes positivas em linguagem amorosa.

2- Qualidade de tempo - como o tempo é algo considerado precioso, demonstrar amor através do tempo dedicado a quem se ama é um gesto importante de comprovar o amor.

3- Presentes - na linguagem desta forma de amar, o gesto de presentear e até mesmo ser presenteado é muito comum. Presentes demonstram o quanto o

---

[24] Autor americano conhecido por seu conceito de "Cinco Linguagens de Amor".

outro é importante para quem presenteia, não sendo necessário validar o valor investido, mas a atitude é o que importa.

4- Gestos de serviço - traduz esta linguagem de amor por meio da demonstração de ser útil. O indivíduo atua "gratuitamente", ou melhor, "genuinamente" na ajuda que o outro necessita, quer seja, colaborando nas tarefas da casa, no conserto de algum objeto, no auxílio a determinados fins.

5- Toque físico - aqui o que mais importa é demonstrar amor pelo contato físico através de beijos, abraços, carícias etc.

Como descrito acima, o amor gera uma ação de dentro para fora. Ao reconhecer que é amado, o indivíduo deve ser grato e retribuir este sentimento. Como o amor produz determinadas ações, o ato de agradecer deve partir de quem recebeu estes gestos. Vale ressaltar que a gratidão se pauta no reconhecimento, gerando uma ação direta por meio do agradecimento. Outrossim, não importa a natureza do recebimento, podendo ser de cunho pessoal, material ou espiritual, a gratidão deve ser exercida.

A maneira como a gratidão é compreendida modifica ao longo da existência. Muitos tiveram uma educação no lar recheada de amor e ensinamento a respeito da gratidão. Isso não reflete em todos os seres humanos. Há aqueles que não receberam amor no aconchego do lar e, obviamente, para estes a gratidão precisa ser algo desenvolvido ao longo do entendimento sobre sua própria origem.

Parece simples entender a gratidão, mas ao depararmos com realidades distintas percebemos o valor do amor no contexto da gratidão. Algumas pessoas precisam provar para si e, muitas vezes, para o mundo ao seu redor que são capazes de amar, mesmo quando não receberam este sentimento em casa. Outras, até receberam muito amor, mas são egoístas demais ao ponto de se sentirem gratas. Há aquelas que mesmo sem amor, são genuinamente gratas.

Como explicar a gratidão em universos e realidades tão diferentes? Ao longo do que tenho estudado a respeito das pessoas, sua individualidade e personalidade, consigo refletir a gratidão como um modelo individual. Isso que dizer que o ser humano é o único responsável por sua capacidade de agradecer. Não apenas como um gesto simples e singelo, mas como um comportamento para além da palavra: "muito obrigado(a)".

O ato de exercer a gratidão é um ato simbólico. Esse simbolismo tem a ver com a natureza individual.

Muitos conseguem agradecer apenas "da boca para fora", sem colocar neste princípio a real gratidão, aquela que emana de dentro, que surge do coração como uma necessidade de reconhecimento a respeito do que recebeu de alguém. Essa atitude é o que diferencia a gratidão genuinamente pessoal.

A forma é o que importa! Vamos refletir sobre isso. Costumo dizer que o amor é percebido no relacionamento entre o indivíduo e o meio em que vive. Acrescento neste contexto a gratidão como elo entre o ser humano, o amor e a bênção recebida.

Qual a importância deste elo? Se olharmos pela ótica da individualidade, enxergamos a essência do ser humano em sua forma de ser e agir. Podemos reconhecer através deste olhar a facilidade de uns para amar e serem amados, o que implica nas relações pessoais com o meio ao qual pertencem.

Quando o amor se torna algo presente, desenvolver a gratidão é um processo natural. Isso porque, ao ser amado, o indivíduo reconhece a necessidade de amar e vice-versa. Dessa forma, a gratidão faz parte de sua realidade pessoal, sendo a bênção consequência de seus atos.

Pelo exposto, a relação entre gratidão & bênção, como exemplificação, é entendida a partir da individualidade. Onde é possível compreender que aquele ser humano que é capaz de amar, é também capaz de agradecer, sendo os resultados positivos gerados naturalmente em sua vida. Isso quer dizer, se queremos receber, antes precisamos doar. Nesta concepção, a gratidão genuína, gerada pela capacidade de amar, produz bênçãos.

Partindo do princípio da lei de ação e reação[25], um dos importantes princípios que regem o universo, sabe-se que o acaso não existe. Isso significa que toda consequência foi absorvida ou atraída por uma ação específica. Tudo que deseja e faz retorna para o responsável pela ação. Olhando por um caminho onde a gratidão tem como consequência a bênção, chega-se ao entendimento que isso nada mais é que a lei de causa e efeito sendo devidamente aplicada na vida do ser humano para o bem.

Podemos exemplificar a relação *causa X efeito* das seguintes formas: para receber amor, primeiro doe afeto; para conquistar objetivos, antes é necessário trabalhar arduamente; se pensar positivo, energias

---

[25] A lei da ação e reação, terceira lei de Newton, refere-se a toda ação tem uma reação de mesmo módulo, mesma direção e sentidos opostos (LOBO, 2021).

vibracionais de igual teor serão recebidas; se plantar o bem, colherá o bom da vida. Essa é a lei da natureza humana: quem doa aquilo que tem de melhor recebe o melhor da vida!

Uma boa reflexão a respeito das consequências pelos atos individuais está na sabedoria da plantação para obtenção da colheita. Tudo que se planta, colhe. Não há outra conta que não seja a matemática exata *2+2=4*. Na vida do indivíduo é assim que funciona a lei de causa e efeito. Portanto, o livre-arbítrio deve ser bem usado quando deseja uma vida próspera e feliz.

A colheita é assunto muito abordado na Bíblia Sagrada: "E digo isto: Que o que semeia pouco, pouco também ceifará; e o que semeia em abundância, em abundância ceifará" (II Co 9:6). "Não erreis: Deus não se deixa escarnecer; porque tudo o que o homem semear, isso também ceifará" (Gl 6:7). "Portanto comerão do fruto do seu caminho, e fartar-se-ão dos seus próprios conselhos" (Pr 1:31). Analisando cada contexto bíblico observamos que a lei de semear e colher preside na justiça divina.

Dizer a si mesmo(a) "eu me sinto abençoado(a)" é um ato de liberdade do espírito em causa própria. É julgar-se merecedor(a) de bênçãos. É, sobretudo, reconhecer a força da realização, quando a gratidão se torna relevante. Uma rotina de gratidão é necessária para que as bênçãos se tornem constantes.

Quando dizemos para o universo obrigado(a), recebemos um amplo canal energético. Sim, é positivo agradecer diariamente no constante desejo de ter uma vida equilibrada. O equilíbrio, neste contexto, se concentra no bem-estar que a gratidão proporciona, deixando um campo magnético aberto aos recebimentos que a vida oferece. Abre-se um portal energético em prol da gratidão, onde a bênção se conecta imediatamente com o amor emanado desta ação, proporcionando benefícios e colheitas individuais.

"Sou um ser humano abençoado", repita comigo ao ler esta frase de efeito positivo. Reflita sobre a vida na certeza da colheita. Se sinta abençoado(a) pela vida ao gozar a alegria de viver. Seja inegavelmente abençoado(a) por tudo que tem, ao olhar ao redor e perceber a riqueza que seu universo pessoal representa para você, afinal, tudo isso faz parte das suas escolhas. Sinta-se capaz de receber bênçãos e deseje o bem sem olhar a quem. Seja mais que merecedor(a) das bênçãos e canalize orações e preces diárias aos que necessitam. Sinta-se abençoado(a) porque você é fruto desse universo de gratidão que tem buscado e

desenvolvido ultimamente. Se este é o seu desejo, inicie hoje a sua Jornada de Gratidão Diária.

11

JORNADA DE GRATIDÃO DIÁRIA

PARA INICIAR A JORNADA DE GRATIDÃO Diária é necessário reconhecer a importância deste ato. Isso porque a gratidão como rotina deve ser prioritariamente uma obrigatoriedade, depois uma ação necessária, até que se torne natural e espontânea, proporcionando a iluminação espiritual enquanto caminho de evolução.

Não parece algo difícil exercer a gratidão como ação natural, mas quando o orgulho, a vaidade e o egoísmo se tornam atitudes presentes, a gratidão perde espaço. Isso ocorre com muita gente! Portanto, reconhecer a necessidade de desenvolver a gratidão diária é um grande passo para mudanças significativas.

Sem sombra de dúvida, a gratidão traz uma importante transformação. Agora é hora de calçar a sandália da humildade e iniciar uma rotina de exercícios que colabore com a melhor versão individual, aquela desprovida dos vícios mencionados.

Podemos iniciar com o olhar primordial ao eu interior. Aquele com quem dormimos e acordamos diariamente. Este eu interior precisa reconhecer vícios e desenvolver virtudes capazes de ampliar a busca pela gratidão natural.

É possível apontar tendências negativas quando há disposição para autocrítica. Não há dificuldade nenhuma em valorizar habilidades pessoais positivas, porque estas fazem parte da defesa do organismo sob a ótica do orgulho pessoal. É como identificar o bom e o belo e mascarar o feio e o malicioso.

Ninguém deve se sentir inferior ao perceber que possui vícios, porque estes são características do ser humano. Uns possuem mais que outros, mas todos possuem algum traço de obscuridade que pode ser revelado no autoconhecimento. A partir dessa descoberta, há possibilidade de melhorar aquilo que é necessário.

A gratidão como moeda de troca não é o que se deseja alcançar com o desenvolvimento desta. Levando em consideração o que é preciso desenvolver, no tocante à gratidão, há algo simples que pode fazer toda diferença durante este processo. Chamamos de mecanismo de autoconfiança a conexão entre o eu que quer mudar e o eu que precisa da mudança. A autoconfiança é o primeiro passo para o desempenho de uma nova forma de pensar, ser e agir. Quando o indivíduo reconhece sua força e potencializa sua positividade no exercício do bem, percebe que houve uma mudança significativa no eu interior, aquele que quer crescer.

Outra característica assertiva a respeito da busca pela gratidão é a capacidade de reconhecer os erros e a força de vontade para mudá-los. Não estamos dizendo que a partir de uma nova perspectiva de pensamento haverá um novo modo de agir, sem que haja impulso para esta mudança.

O reconhecimento dos erros e a possibilidade de superá-los dependem da capacidade de perdoar. Isso significa olhar mais para dentro de si que para o outro. Este exercício de autojulgamento é importante para o processo amadurecer e se tornar algo obrigatório, mas de forma natural. A cobrança, se é que pode ser chamada assim, passa a ser interior e não sobre o outro indivíduo. Até que haja a capacidade de substituir o julgamento alheio por indulgência, é necessário reconhecer o perdão como parte de um novo posicionamento a respeito do outro.

Outrossim, a indulgência é muito importante para o aprimoramento humano, no processo de mudança, como "sentimento doce e fraternal que todo homem deve alimentar para com seus irmãos, mas do qual bem poucos fazem uso."[26]

O amor, como fonte de inspiração, esperança maior a respeito do processo de evolução do ser humano, é parte indispensável no contexto da gratidão, além da indulgência. Quando o amor está presente há uma atmosfera favorável para o agradecimento.

Não há orgulho ou vaidade que não sejam sucumbidos pela capacidade de amar ao próximo. Quem tem essa neutralidade no coração, onde o outro não é julgado pelos seus atos e nem desprezado pela sua omissão, possui uma sabedoria essencial na arte de amar. Sendo o amor a ferramenta do bem sobre o mal, é aqui o principal elemento de reflexão, se tornando a arma mais poderosa para quem tem a gratidão como alvo natural a ser desenvolvido.

Iniciando a Jornada de Gratidão Diária, a partir do processo que coloca o indivíduo consciente da necessidade de aprimoramento moral, o ato de agradecer se concentra na naturalidade dessa ação. Isso é uma maneira de compreender que a forma importa, mas a constância é a ligação entre a necessidade e a ação.

---

[26] (KARDEC, 2006)

Compreendendo a ação de agradecer como algo natural, inicia-se a prática diária. Como realizar atitudes de gratidão diária? Os pontos cruciais deste ato se pautam na sua repetição, até que se torne um gesto natural. Portanto, ao acordar é importante a conexão com energias superiores, quer sejam alimentadas por práticas religiosas, espirituais ou de bem-estar. Ações como o ato de orar, a meditação, o contato com a natureza, a emissão de pensamentos elevados, leituras edificantes ou apenas o equilíbrio pessoal, são importantes para fomentar um ambiente propício à gratidão.

Não importa quanto tempo é dedicado ao contexto supramencionado, basta que este faça parte da rotina como algo que alimenta o espírito, para que o elo entre a ação da mudança pessoal e a gratidão sejam alinhados.

A melhor forma de exercer a gratidão é o reconhecimento sobre quem somos. Agindo desta maneira, haverá espaço para o outro em desejos a favor das necessidades alheias, bem como para si em agradecimento pelas conquistas pessoais, familiares, profissionais e sucessivamente, espirituais. Afinal, quando o espírito é alimento do corpo, há uma satisfação pelo processo evolutivo que se encontra em desenvolvimento.

Naturalmente, o ser humano é capaz de ser grato. Por exemplo: Quantas vezes olhamos ao nosso redor e reconhecemos valores que a vida nos proporcionou, sejam materiais, pessoais, morais ou espirituais? Se ainda não fomos capazes de identificar algum progresso ao longo de nossa trajetória, isso não se deve a ninguém mais que nós mesmos pelas escolhas que temos feito. Afinar escolhas ao resultado esperado é parte fundamental no encontro entre o eu e o outro, neste contexto, o outro é o "eu" que quero ser.

O eu que sou precisa abrir espaço para o eu que desejo me tornar. Isso é um processo e faz parte do desenvolvimento pessoal e espiritual, iniciado pelo autoconhecimento e continuamente perseguido pela necessidade de aprimoramento diário.

Neste contexto, a gratidão torna-se essencial. Agradecer o hoje, pedir pelo amanhã. Agradecer o ontem, pedir pelo hoje. Agradecer o amanhã. É um ciclo, este tem como parte integrante do processo o reconhecimento dos erros, o aceite das provas, o entendimento da mudança e a gratidão pela vida e pelas experiências vividas. Sem deixar de lado a necessidade da conexão com a gratidão pura e simples, diariamente exercida, através do agradecimento pela vida, saúde, livramento, entendimento e aprimoramento moral. Além da oportunidade de reconhecer a vida como um ciclo de evolução e desenvolvimento espiritual.

Ser grato é ser livre para amar. É amar sem fronteiras. É saber identificar padrões de comportamento que não devem fazer parte das escolhas individuais. É, sobretudo, olhar afetivamente ao redor e reconhecer, apenas reconhecer o todo. O ambiente ao redor do indivíduo é fruto das suas escolhas. Nesta perspectiva, o olhar atento às escolhas diárias é a chave para o futuro com prosperidade e abundância.

O ato de agradecer é um benefício ao aprimoramento humano, contribuindo com a iluminação espiritual e isso é percebido quando a gratidão se torna natural, despindo camadas viciadas de egoísmo e vaidade. O olhar volta-se para dentro e, justamente, internamente é que há o encontro com o amor, a paz e o bem-querer.

Ser grato é ser indiscutivelmente bom. Mas como ser bom em um mundo de provas e expiações? Este é o segredo da mudança!

O processo é o seguinte: acordar, agradecer, reconhecer os erros e batalhar duro diariamente para retirar cada substância nociva do organismo. Não apenas o que alimenta o corpo, mas o que alimenta a alma. Neste contexto, o espírito que constantemente se vê entrelaçado entre pensamentos negativos, atitudes não empáticas, palavras ditas sem pensar nas consequências destas, deve obrigatoriamente redirecionar pensamentos e ações em prol da mudança. Enfim, quando a necessidade de mudar "grita" internamente por ações práticas, há um processo que deve ser iniciado para ontem.

Exercitar a gratidão é abrir possibilidades. Quais possibilidades estamos falando? Simplicidade, humildade, escuta sensitiva, olhar atento ao outro, coração leve e alma em paz. É como percorrer um rio de águas cristalinas e ser capaz de beber da fonte límpida do seu leito. Caminhar na areia de pés descalços e sentir o calor do solo aquecendo e energizando cada pedacinho do corpo. É olhar a imensidão do céu e sorrir simplesmente pela oportunidade de existir.

A vida é uma fonte de inspiração para o exercício da gratidão. Não há necessidade de percorrer caminhos longos ou sofrimentos persuasivos para o encontro com a gratidão. Esta, está bem próxima de cada indivíduo. Ao despertar para a gratidão diária há um caminho para a iluminação espiritual, isso porque ocorre um alinhamento entre o eu interior e o ambiente exterior provocando mudanças positivas.

A Jornada de Gratidão Diária pode iniciar hoje ao finalizar este livro, como um processo de ressignificação interior. O início deste processo se pauta no olhar atento às necessidades individuais e na busca pela correção dos excessos. Com isso, fontes de valor pessoal, moral e espiritual podem ser agregadas ao eu apto à mudança. O caminho a percorrer pode se pautar na reflexão, no autoconhecimento, nas leituras de literaturas edificantes, no olhar holístico e, principalmente, na conexão com o Sagrado, todos embasados na gratidão e no amor. Há muitas formas de buscar um direcionamento ao caminho da gratidão. O importante é começar.

Na conclusão deste livro gostaria de fazer um convite à Jornada de Gratidão Diária. Esta deve ter como ponto de partida o amor através do autoconhecimento e a busca pelo entendimento sobre o espiritual. Aquele lado oculto que existe dentro e ao redor de cada ser humano. Sabendo que o todo espiritual está presente a todo momento através do universo, da natureza, do Sagrado, e dentro de cada ser humano, no eu interior.

Pensar no espiritual é compreender a complexidade do todo e a simplicidade do eu, através da possibilidade de transformação que o ser humano pode buscar a partir dessa experiência chamada vida. Através da descoberta de um eu consciente de sua trajetória a seguir, um mar de possibilidades e um encontro definitivo com a busca que a humanidade requer é possível: chamamos este encontro de caminho para a iluminação espiritual!

Ser grato é ser capaz de enxergar no outro a capacidade de atender, de oferecer, de aceitar, de conviver. Isso pode ser compreendido como um mecanismo de complementação entre o eu e o outro, onde um dá e o outro recebe, um pede e o outro concede, um atende e o outro agradece. Simplesmente ocorre uma ligação entre duas pessoas, aquela quem faz e aquela quem agradece o feito. Simples e exato. Sem meias combinações nem exageros. Apenas o muito obrigado(a)!

A partir do contexto supramencionado encerra a capacidade de compreender o agradecimento como uma necessidade, tornando-se algo espontâneo e natural. Despindo o corpo de energias que não comungam com a gratidão, e está aí a grande resposta desse exercício!

A partir desse entendimento, agradecer se torna parte da vida. Um muito obrigado(a) é um simples gesto de ternura, reconhecimento e gratidão. Olhar e palavras, gestos e sentimentos caminham lado a lado. Na Jornada de Gratidão Diária essa simbologia humana "olho no olho" se torna uma realidade e é o que sustenta a caminhada cotidiana em busca da iluminação espiritual como um caminho para a evolução.

Concluo este livro agradecendo a quem passou por aqui, leu, refletiu e compreendeu o quão importante é agradecer ao outro. Obrigada pela confiança, paciência e atenção dispensadas durante a leitura deste exemplar. No caminho da minha gratidão diária deixo registrado o meu agradecimento a Deus, ao Sagrado, a Espiritualidade e, em especial, aos meus Guias Espirituais. Minha família, a base para o exercício da gratidão; minha fé, o alicerce; meus amigos, a força que agrega; leitores, a esperança na continuidade desse trajeto necessário chamado gratidão. Muito obrigada!

SOBRE A AUTORA

barbaralobo.writer@gmail.com
@dr.barbara_lobo (Instagram)

* *Escritora, Pesquisadora e Espiritualista.*
* *Licenciada em Pedagogia* (Fac. de Filosofia, Ciências e Letras de Macaé) - Bachelor of Education degree in School Administration (Credential evaluation report for U.S equivalency from Scholaro[27], Inc.)
* *Especialista em Engenharia de Petróleo* (Fac. Fil., Ciências e Letras Macaé) - Graduate Certificate in Petroleum Engineering (Credential evaluation report for U.S equivalency from Scholaro, Inc.)
* *Especialista em Teorias e Práticas Transdisciplinares e Violência: Direito, Educação e Saúde* (Fac. Professor Miguel Ângelo da Silva Santos) - Graduate Certificate in Interdisciplinary Studies: Law, Education, and Health (Credential evaluation report for U.S equivalency from Scholaro, Inc.)
* *Mestra em Ciências da Saúde e Meio Ambiente* (Centro Univers. Plínio Leite) - Master of Education in Environmental Education (Credential evaluation report for U.S equivalency from Scholaro, Inc.)
* *Doutora em Ciências da Educação* (Universidad Americana) - Doctor of Education degree in Education (Credential evaluation report for U.S equivalency from Scholaro1, Inc.)
* *Pós-Doutora em Educação* (Universidad National de Tres de Febrero) - Post-doctoral in Education (PhD)

---

[27] Scholaro, Inc. is an Endorsed Member of AICE, the Association of International Credential Evaluators, Inc.®. Scholaro's comparability recommendations follow the general guidelines of the U.S. National Council for the Evaluation of Foreign Educational Credentials.

Professora Doutora Bárbara Lobo nasceu em Bom Jesus do Itabapoana/ RJ, Brasil. É mãe de Luíza e Gabriel (pai do Tyler) e esposa de Alberto Lobo, sua família, seu alicerce. Filha e neta de escritores, cresceu em quintal literário, onde descobriu o gosto pela literatura através de sua mãe, Izabel Monteiro, jornalista e escritora. Como sua mãe, herdou o talento com as palavras de seu saudoso avô, Athos Fernandes Monteiro, poeta, escritor e jornalista.

Investiu grande parte do seu tempo em estudos acadêmicos e pesquisas científicas chegando a conquistar os títulos de Pós-Doutora e Doutora em Ciências da Educação. Iniciou suas atividades como autora com trabalhos de pesquisa em 2004.

Residindo nos Estados Unidos desde 2016, vem investindo em sua formação literária desde então.

Este livro, *Aumentando a Gratidão: Recebendo Bênçãos, 2023,* é seu décimo terceiro livro, sendo o sexto de cunho espiritual. Conheça também:

1- *Converse com seus Guias Espirituais* (AMAZON, 1ª Edição, 2019. 2ª Edição, 2021.)
2- *A Natureza das Comunicações Espíritas e o Desenvolvimento da Mediunidade* (AMAZON, 2019.)

3- Além do Portal (Inspirado por Pai Joaquim de Aruanda) (AMAZON, 2020.)

4- Ouça seus Guias Espirituais (AMAZON, 2021.)

5- Quantum: Enigma da Existência (AMAZON, 2022.)

A autora publicou outros livros, disponíveis na Amazon, nas categorias: científico, ficção e ficção científica, incluindo uma obra em inglês (*Environmental Crisis: Fleeing from Chaos*, 2021).

Aumentando a Gratidão: Recebendo Bênçãos é baseado em estudos e pesquisas, além da intuição, trazendo uma ampla visão sobre como a Jornada de Gratidão Diária pode proporcionar a iluminação espiritual enquanto caminho de evolução.

Bárbara acredita em sonhos e, por este motivo, com muito estudo, disciplina e orientação espiritual, segue em sua lida diária, na continuação de uma jornada literária que, de acordo com seus ideais, não tem data para acabar. A pesquisa e os estudos se complementam a cada nova investigação, de acordo com a autora, ela está em constante construção e seus livros são a forma como se relaciona com o universo físico e espiritual, o pensamento, o saber e o conhecimento.

REFERÊNCIAS

BARROS, Brasil Fernandes de. As origens da interminável discussão sobre o aspecto religioso do espiritismo. XVII Simpósio Nacional da ABHR. II Simpósio Nacional de Estudos da Religião da UEG. Éticas e Religiões em Tempos de Crise. Universidade Estadual de Goiás, nov. 2021.

BÍBLIA. Português. Bíblia sagrada. Tradução de João Ferreira de Almeida. Trinitarian Bible Society. Londres, Inglaterra, 1994.

BOAG, S. (2014) Ego, drives, and the dynamics of internal objects. Front Psychol. 2014;5:666. doi:10.3389/fpsyg.2014.00666

CANAVEZ, Fernanda. A violência a partir das teorias freudianas do **social.** Arq. bras. psicol. [online]. 2014, vol.66, n.1 [citado 2022-09-11], pp. 33-48. (Disponível em: <http://pepsic.bvsalud.org/scielo.php?script=sci_arttext&pid=S1809-52672014000100004&lng=pt&nrm=iso>. ISSN 1809-5267. Acesso em: janeiro de 2023).

CHERRY. Freud's Theory of the Id in Psychology, 2019. Tradução nossa. Disponível em: <www.verywellmind.com/what-is-the-id-2795275>. Acesso em: janeiro de 2021.

DINIZ, Melissa. As seis perfeições do budismo. Disponível em: < https://www.gilbertogodoy.com.br/ler-post/as-seis-perfeicoes-do-budismo---melissa-diniz>. Acesso em: fevereiro de 2023.

FREUD, S. (1974b). Sobre o narcisismo: uma introdução (Edição Standard Brasileira das Obras Psicológicas Completas de Sigmund Freud, Vol. 14). Rio de Janeiro: Imago. (Originalmente publicado em 1914).

GRATIDÃO. *In:* DICIO, Dicionário Online de Português. Porto: 7Graus, 2020. (Disponível em: <https://www.dicio.com.br/gratidao/>. Acesso em: fevereiro de 2023).

KARDEC, Allan. A Gênese: os milagres e as predições segundo o Espiritismo. Rio de Janeiro: FEB – 50. ed., 2006.

_______________. O Evangelho segundo o Espiritismo. Rio de Janeiro: FEB – 125. ed., 2006.

_______________. O livro dos Espíritos. Rio de Janeiro: FEB – 87. ed., 2006.

_______________. O livro dos Médiuns. Rio de Janeiro: FEB – 78. ed., 2006.

_______________. O que é o Espiritismo. Tradução Guillon Ribeiro. 33. ed. Rio de Janeiro: FEB, 1989.

LIVRE-ARBÍTRIO. *In:* DICIO, Dicionário Online de Português. Porto: 7Graus, 2020. (Disponível em: <https://www.dicio.com.br/moral/>. Acesso em: fevereiro de 2023).

LOBO, Bárbara. Quantum: Enigma da existência. Rio de Janeiro: Edição do autor. Amazon, 2022.

______________. Ouça seus Guias Espirituais. Rio de Janeiro: Edição do autor. Amazon, 2021.

MARTINES, P. The moral act according to Thomas Aquinas. Trans/Form/Ação, Marília, v. 42, p. 249-264, 2019. Edição Especial.

MORAL. *In:* DICIO, Dicionário Online de Português. Porto: 7Graus, 2020. (Disponível em: <https://www.dicio.com.br/moral/ >. Acesso em: fevereiro de 2023).

MOURA, Paulo Sergio. Trabalho de História da Ciência e da Técnica. São Paulo: PUC. (Disponível em: https://www.pucsp.br/pos/cesima/schenberg/alunos/paulosergio/index.html. Acesso em 11 de fevereiro de 2023).

OCULTISMO. *In:* DICIO, Dicionário Online de Português. Porto: 7Graus, 2020. (Disponível em: <https://www.dicio.com.br/ocultismo/>. Acesso em: fevereiro de 2023).

OSORIO, Rafael Guerreiro. O sistema classificatório de "cor ou raça" do IBGE. Brasília: IPEA, 2003.

PULCU, E. (2014) An evolutionary perspective on gradual formation of superego in the primal horde. Front Psychol. 2014; 5:8. doi:10.3389/fpsyg.2014.00008.

SBEBM, Sociedade Beneficente Espírita Bezerra de Menezes. Codificação espírita. (Disponível em: <https://www.sbebm.org.br/vocabulario/codificacao-espirita/>. Acesso em: fevereiro de 2023).

STATU QUO. *In:* DICIO, Dicionário Online de Português. Porto: 7Graus, 2020. Disponível em: < https://www.dicio.com.br/status-quo/ >. Acesso em: fevereiro de 2023.

www.ingramcontent.com/pod-product-compliance
Lightning Source LLC
LaVergne TN
LVHW051532170726
843492LV00006B/1723